マンション
建替え
モデル事例集Ⅱ

CONTENTS

巻頭企画

マンション再生施策と改正マンション建替え円滑化法の概要

国土交通省 市街地建築課 マンション政策室

建替えに係る現状について

現在、我が国のマンションストック総数は２０１７（平成29）年末時点で約６４４万戸であり、そのうち、旧耐震基準により建設されたものは約１０４万戸となっています（図１）。これらの多くは耐震性不足であると考えられ、巨大地震が発生した場合には甚大な被害が生じることが想定されています。また、築後40年超のマンションは約73万戸であり、10年後には２・５倍の約１８５万戸、20年後には５倍の約３５２万戸になる見込みであり（図２）、経年とともに、居住者の高齢化率や空き住戸、第三者に賃貸する住戸が増加している状況です（図３・図４・図５）。このような中で、実際に建替えが行われたマンションの実績は、２０１８（平成30）年４月時点の累計で２３６件、約１万８８００戸に留まっているところです。これら老朽化したマンションの円滑な建替えを推進していくことが喫緊の課題となっています。

マンションの建替えは、一つの建物に複数の価値観の異なる所有者が存在し、複雑な権利関係の中で合意形成を図っていく必要があり、非常に難しい事業です。また、容積率に余裕がない事業が増えているため、建替え費用が回収できず、経済的負担が大きいことも課題となっています。

建替えに係る現行の法令

マンション建替えを実施していく上で基本となる建替えに係る現行の法制度について説明します（図６）。

マンションを含む区分所有建築物に係る基本的な制度として、１９６２（昭和37）年に「建物の区分所有等に関する法律」（以下「区分所有法」）が成立し、その後、１９８３（昭和58）年、２００２（平成14）年の2度の改正により、共用部分の変更や建替えの要件が緩和されています。区分所有法は民法の特別法として、マンションを含む区分所有建物の所有関係や、建物およびその敷地の共同管理について規定するとともに、建替えの意思決定方法についても規定しています。

建替えに当たっては、区分所有者および議決権の各5分の４以上の多数で、建物を取り壊し、新たに建物を建築する旨の決議をすることができます。なお、建替え決議においては、新たに建築する建物の設計の概要、建物の取壊しおよび再建建物の建築に要する費用の概算額、費用の分担に関する事項、再建建物の区分所有権の帰属に関する事項を定める必要があります。また、建替え決議に関し、集会召集の通知や事前の説明会の開催、賛成区分所有者等による反対区分所有者への売渡し請求等についても規定されています（図７）。

図1 マンションストック戸数の推計

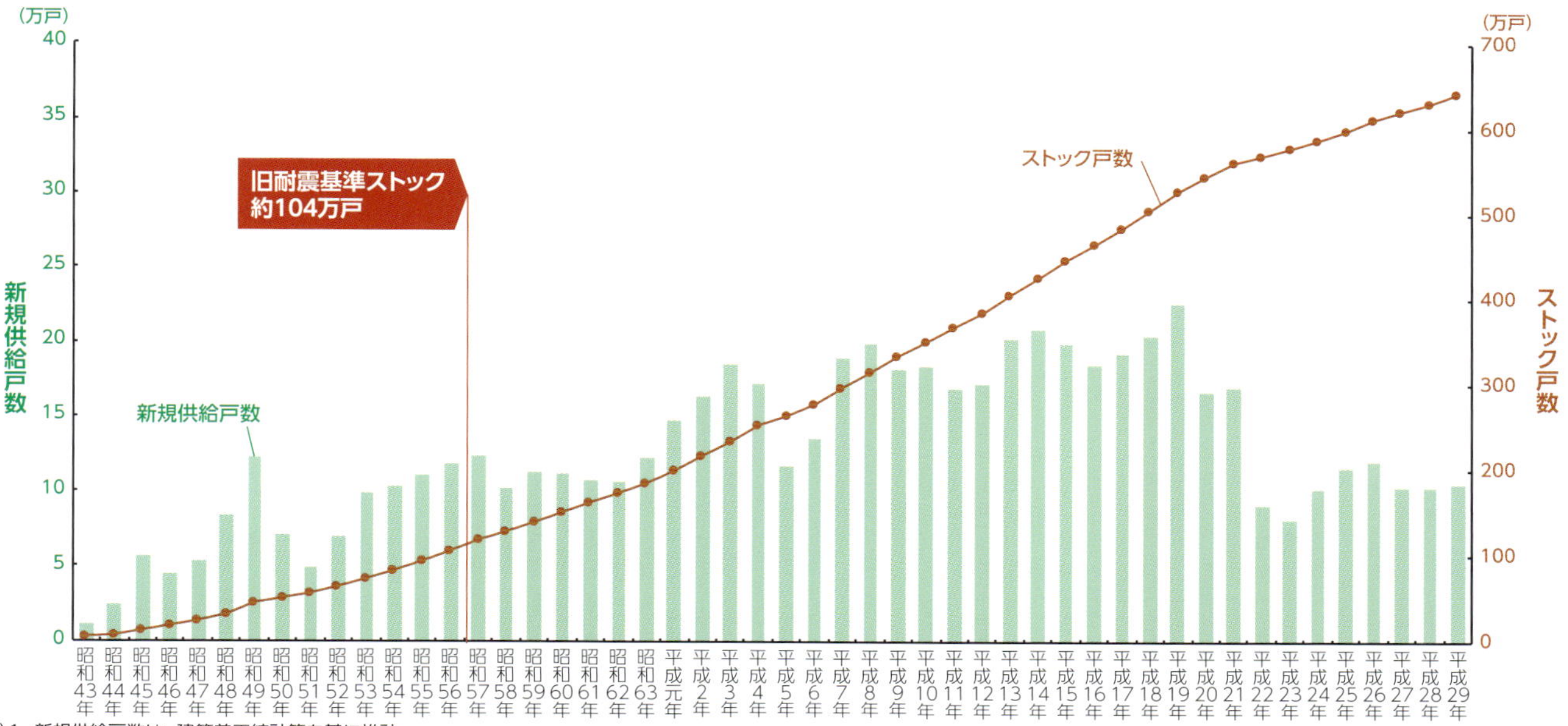

(注) 1. 新規供給戸数は、建築着工統計等を基に推計
2. ストック戸数は、新規供給戸数の累積等を基に、各年末時点の戸数を推計
3. ここでいうマンションとは、中高層(3階建て以上)・分譲・共同建で、鉄筋コンクリート、鉄骨鉄筋コンクリートまたは鉄骨造の住宅をいう
4. 昭和43年以前の分譲マンションの戸数は、国土交通省が把握している公団・公社住宅の戸数を基に推計した戸数

図3 マンション居住者の高齢化(「60歳以上のみ」世帯)の状況

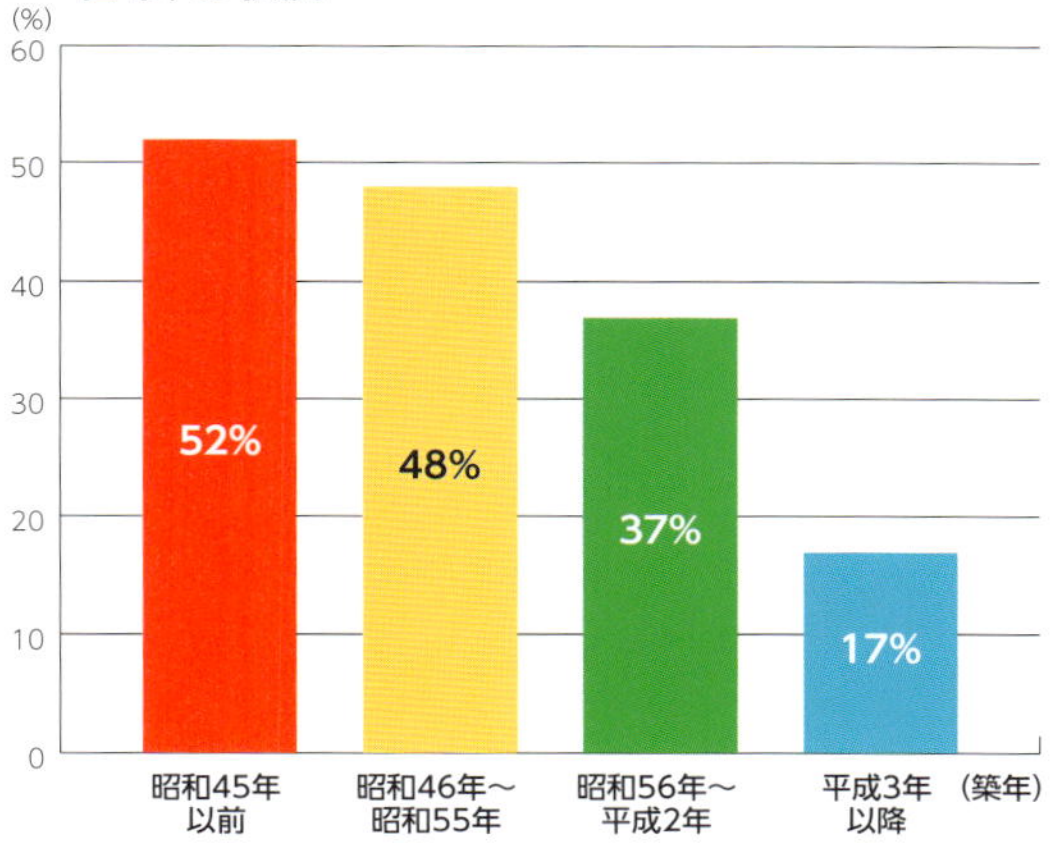

図2 高経年マンションストック戸数の推計

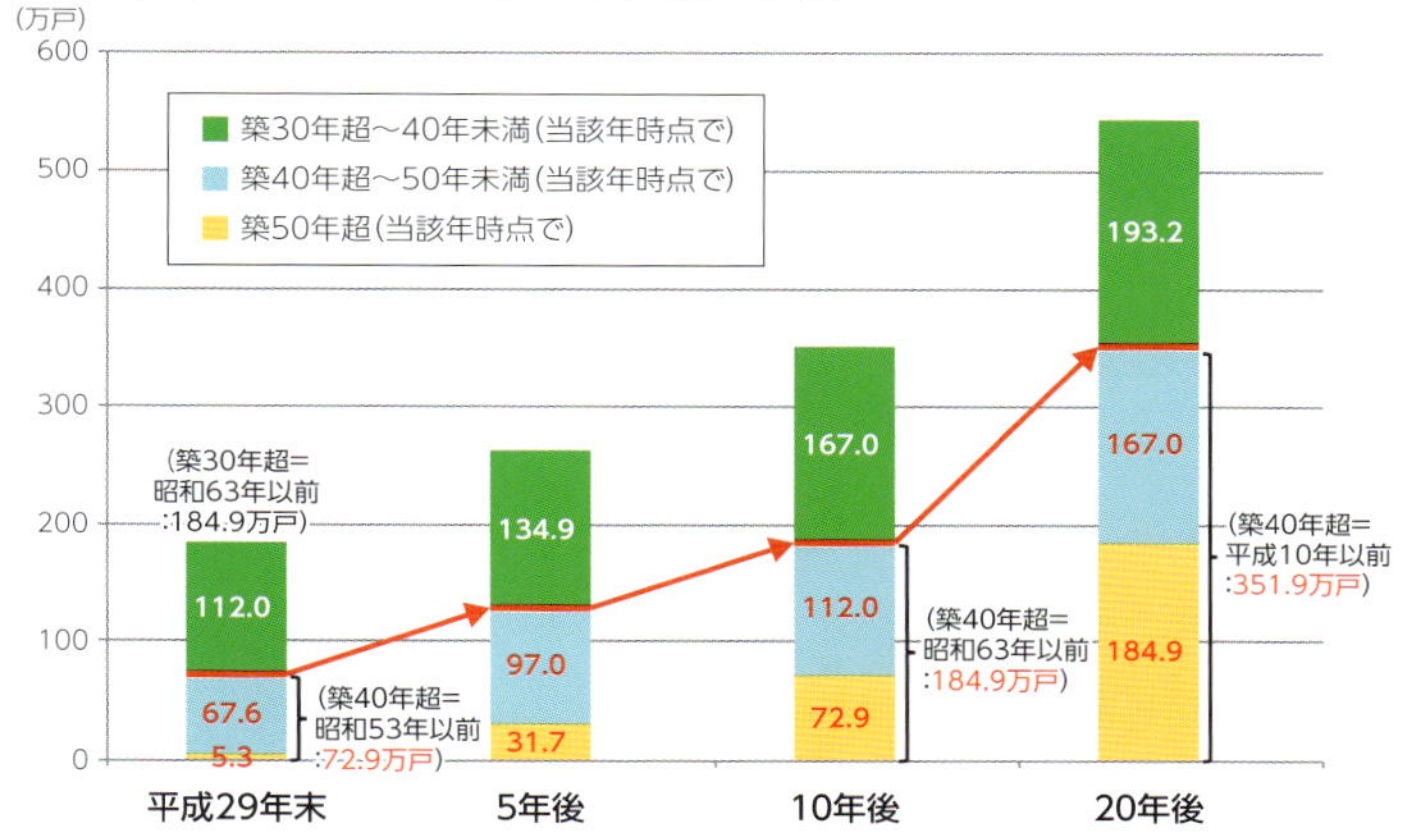

(注) 現在の築50年超のマンションの戸数は、国土交通省が把握している築50年超の公団・公社住宅の戸数を基に推計した戸数
(注) 5年後、10年後、20年後に築30、40、50年超となるマンションの戸数は、建築着工統計等を基に推計した平成29年末のストック分布を基に、10年後、20年後に築30、40、50年を超える戸数を推計したもの

図5 分譲マンション内の借家の割合－建築時期別(棟数ベース)

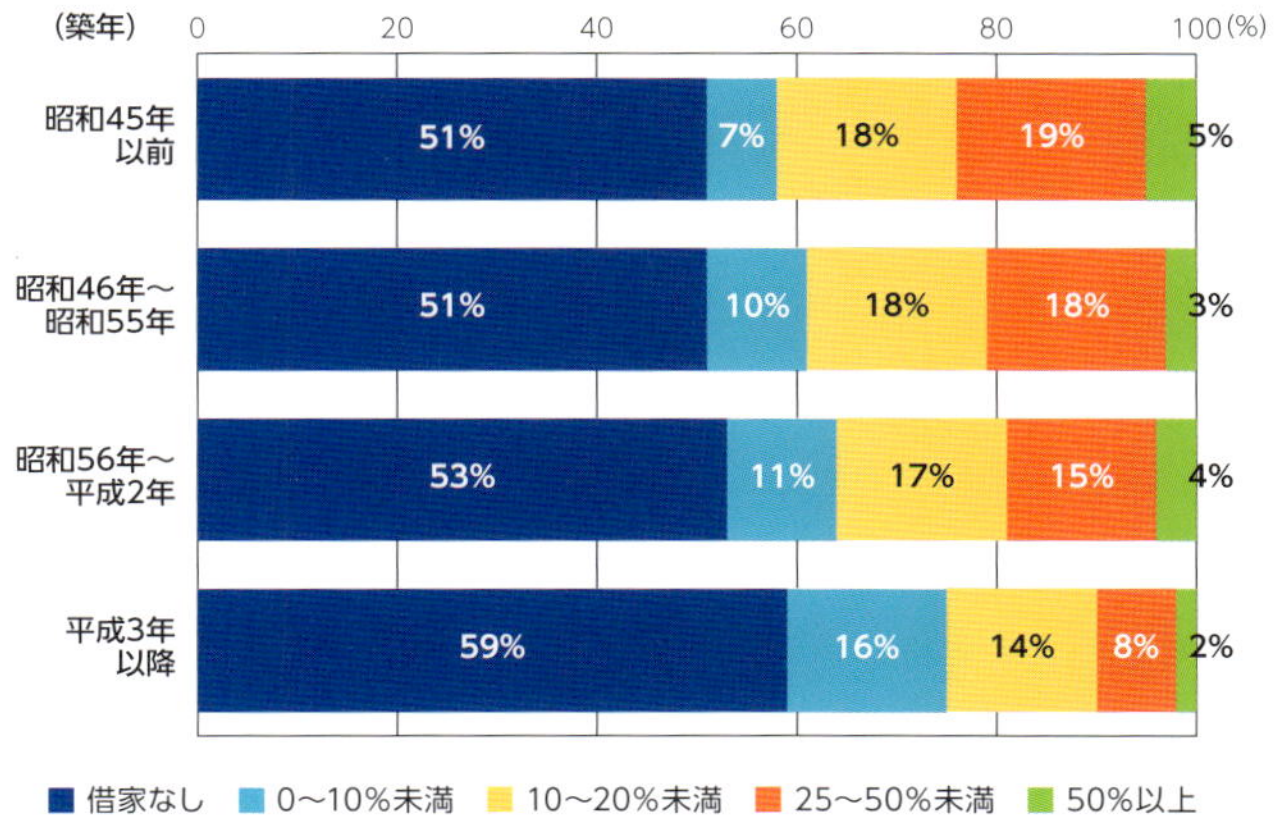

図4 マンション内の「空き家率」－建築時期別(棟数ベース)

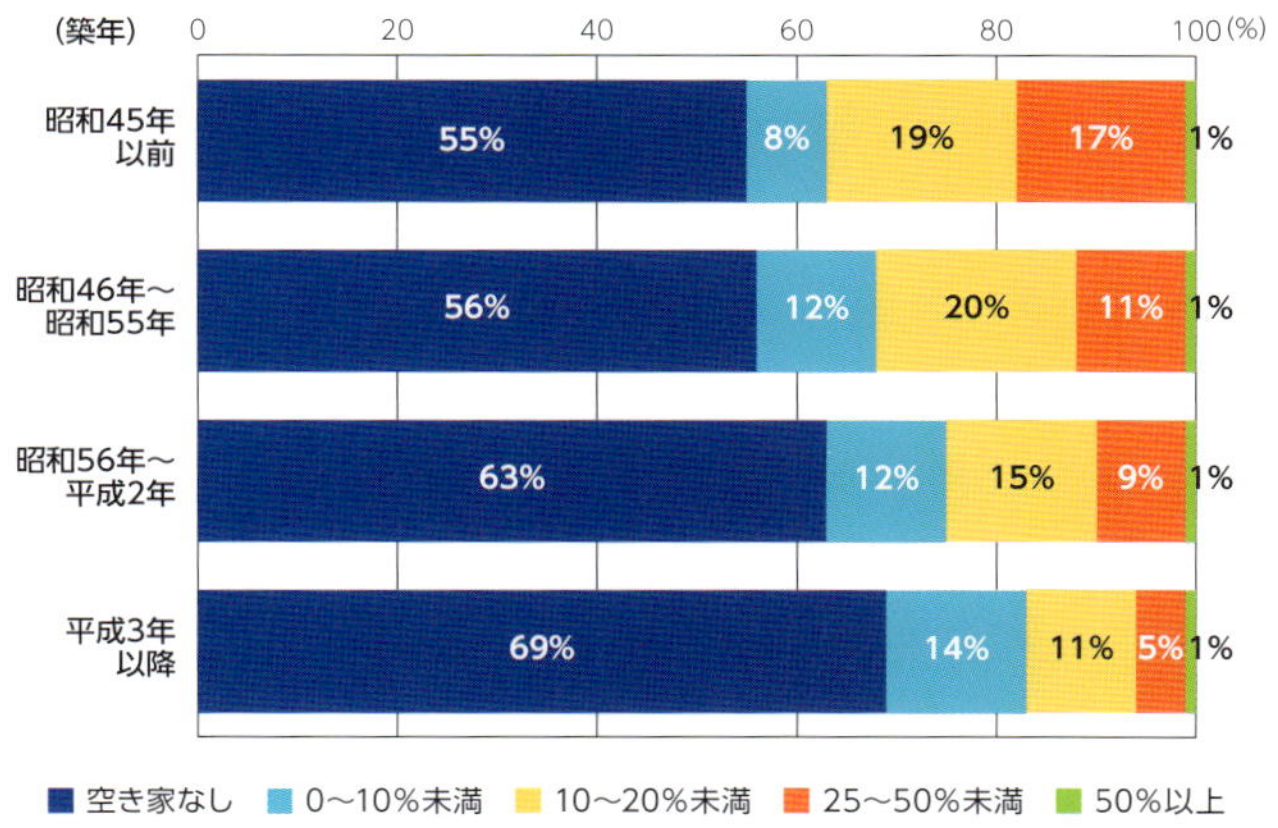

図6 マンションに関する主な制度・施策の経緯

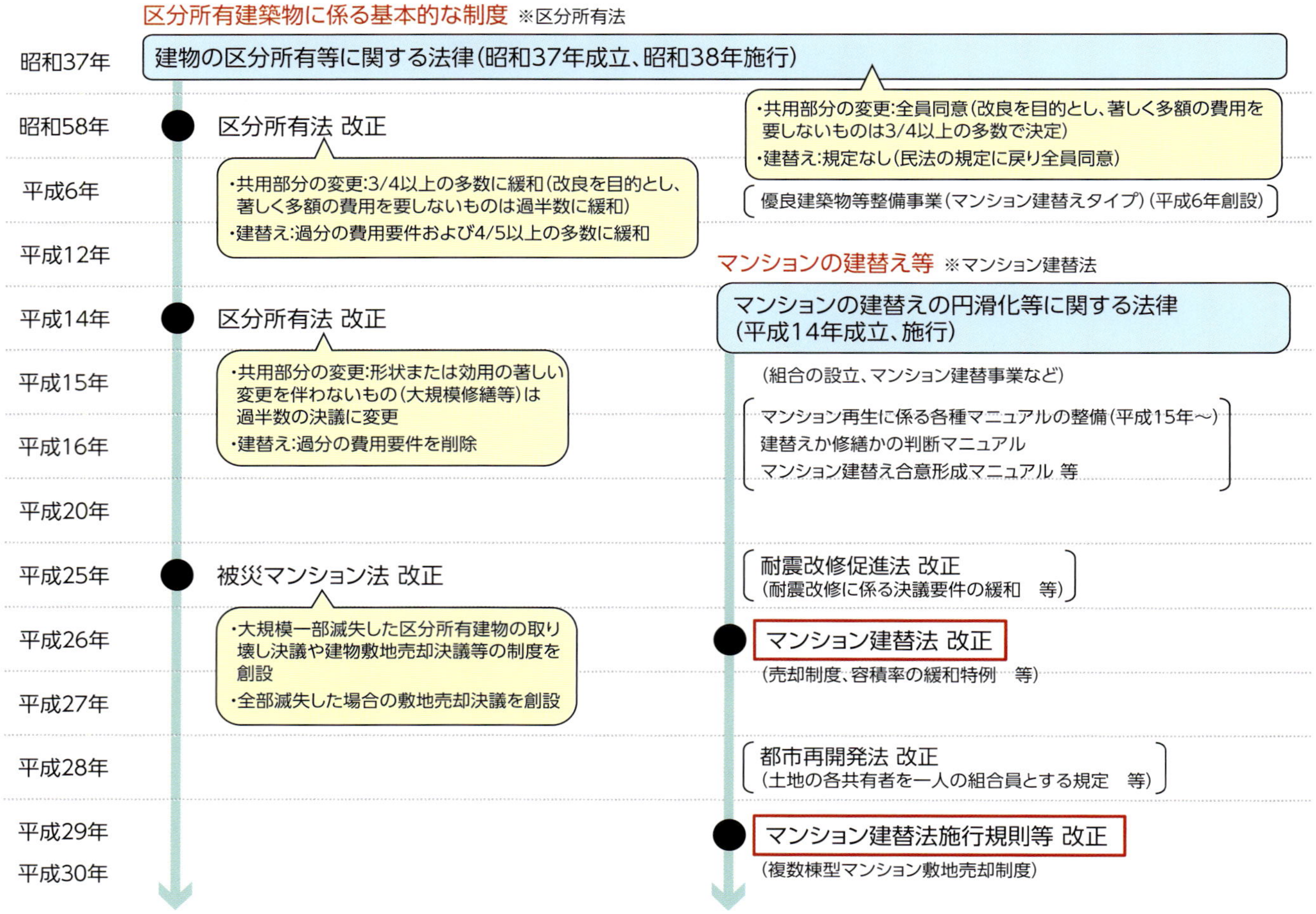

図7 区分所有法の建替え

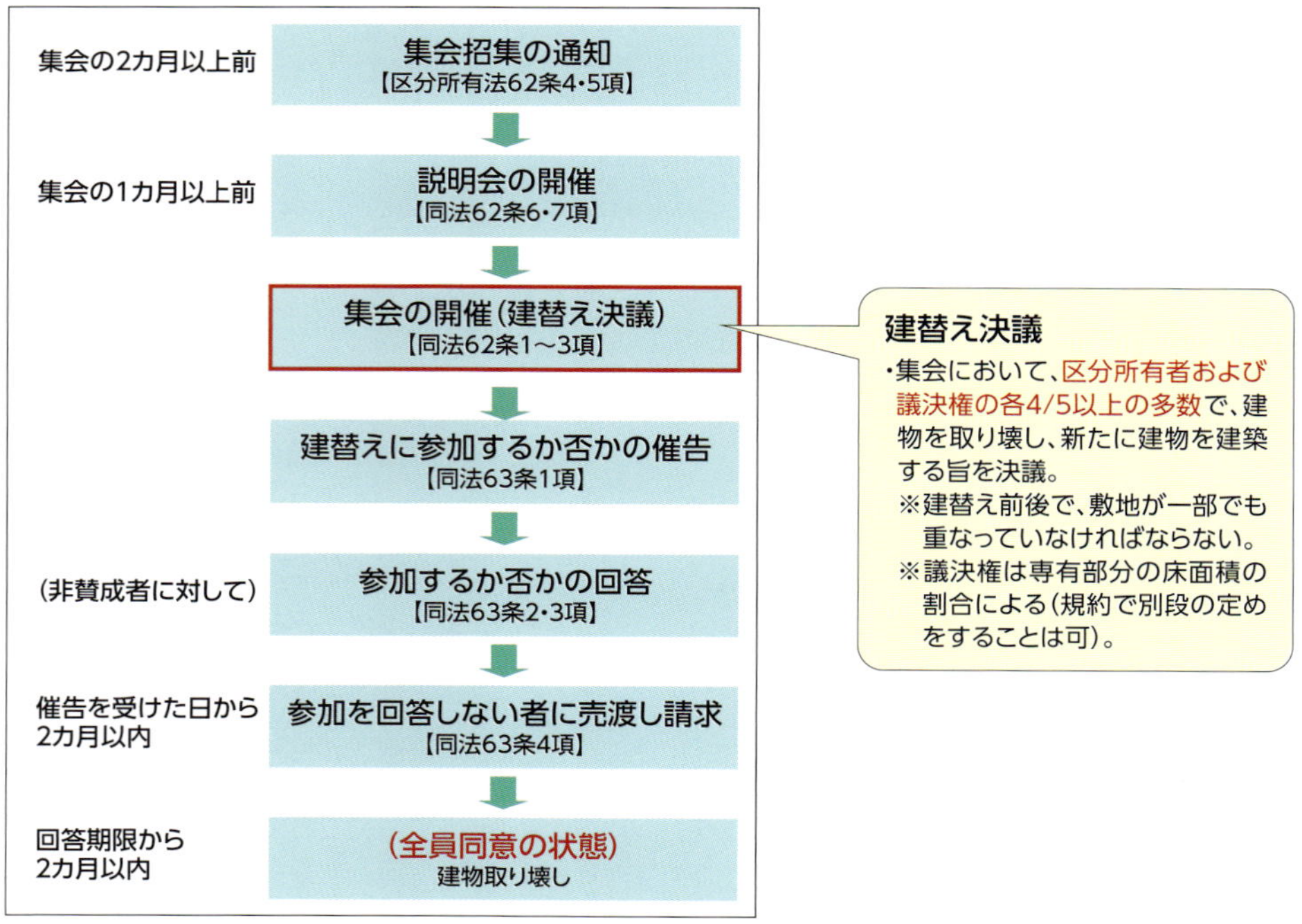

さらに、老朽化したマンションの建替えの円滑化を図るため、２００２（平成14）年に「マンションの建替えの円滑化等に関する法律」（以下「マンション建替法」）が成立しました。

区分所有法による建替え決議後、建替え合意者の４分の３以上の同意により法人格を有するマンション建替組合の設立や、組合による反対区分所有者への売渡し請求、建替え前後において区分所有権や借家権、抵当権等の関係権利を担保するための権利変換手続き等、建替事業を円滑に進めるための制度が整備されています（図８）。

図8 マンション建替法の建替えと区分所有法の建替え

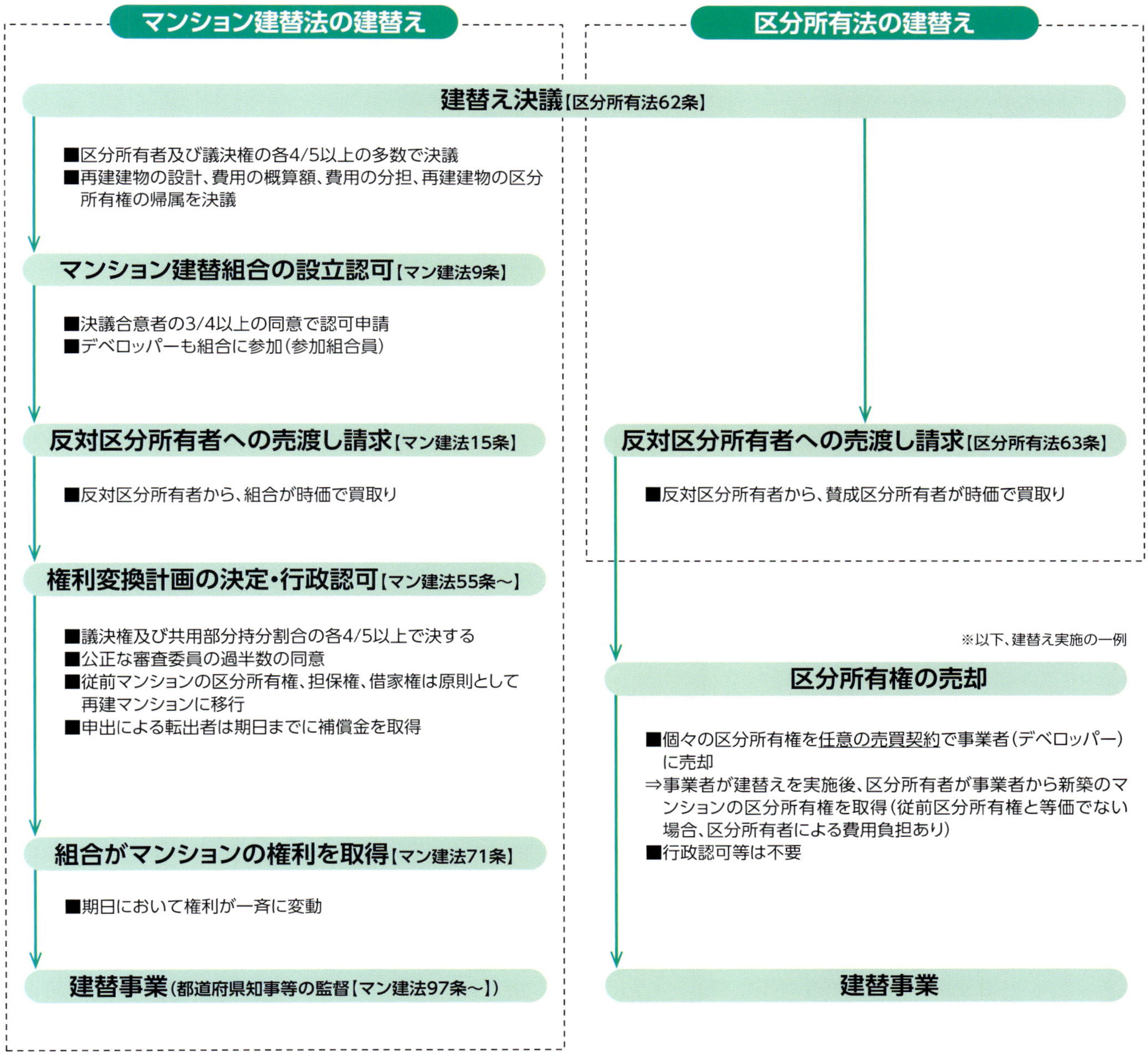
マンション建替法の建替え
区分所有法の建替え
建替え決議【区分所有法62条】
■区分所有者及び議決権の各4/5以上の多数で決議
■再建建物の設計、費用の概算額、費用の分担、再建建物の区分所有権の帰属を決議
マンション建替組合の設立認可【マン建法9条】
■決議合意者の3/4以上の同意で認可申請
■デベロッパーも組合に参加（参加組合員）
反対区分所有者への売渡し請求【マン建法15条】
■反対区分所有者から、組合が時価で買取り
権利変換計画の決定・行政認可【マン建法55条～】
■議決権及び共用部分持分割合の各4/5以上で決する
■公正な審査委員の過半数の同意
■従前マンションの区分所有権、担保権、借家権は原則として再建マンションに移行
■申出による転出者は期日までに補償金を取得
組合がマンションの権利を取得【マン建法71条】
■期日において権利が一斉に変動
建替事業（都道府県知事等の監督【マン建法97条～】）
反対区分所有者への売渡し請求【区分所有法63条】
■反対区分所有者から、賛成区分所有者が時価で買取り
※以下、建替え実施の一例
区分所有権の売却
■個々の区分所有権を任意の売買契約で事業者（デベロッパー）に売却
⇒事業者が建替えを実施後、区分所有者が事業者から新築のマンションの区分所有権を取得（従前区分所有権と等価でない場合、区分所有者による費用負担あり）
■行政認可等は不要
建替事業

改正マンション建替法について

2014（平成26）年6月「マンションの建替えの円滑化等に関する法律の一部を改正する法律」が成立し、同年12月24日に施行されました（なお、本改正により法律名も「マンションの建替え等の円滑化に関する法律」に変更されました）。

その背景としては、先にあげた耐震性不足のマンションの建替え等の促進が求められている中、耐震改修については、2013（平成25）年の「建築物の耐震改修の促進に関する法律」（以下「耐震改修促進法」）の改正により耐震診断・耐震改修の努力義務の創設や耐震性不足のマンションの耐震改修に係る決議要件の緩和（4分の3以上から過半数に変更）等を行っており、次の課題として、建替えの促進策が強く求められていたことがあります。

2013（平成25）年6月14日に閣議決定された「規制改革実施計画」では、「老朽化マンションについて、建替えを含めた再生事業が円滑に進むよう、区分所有建物に係る権利調整の在り方や建築規

図9 マンション敷地売却制度の流れ

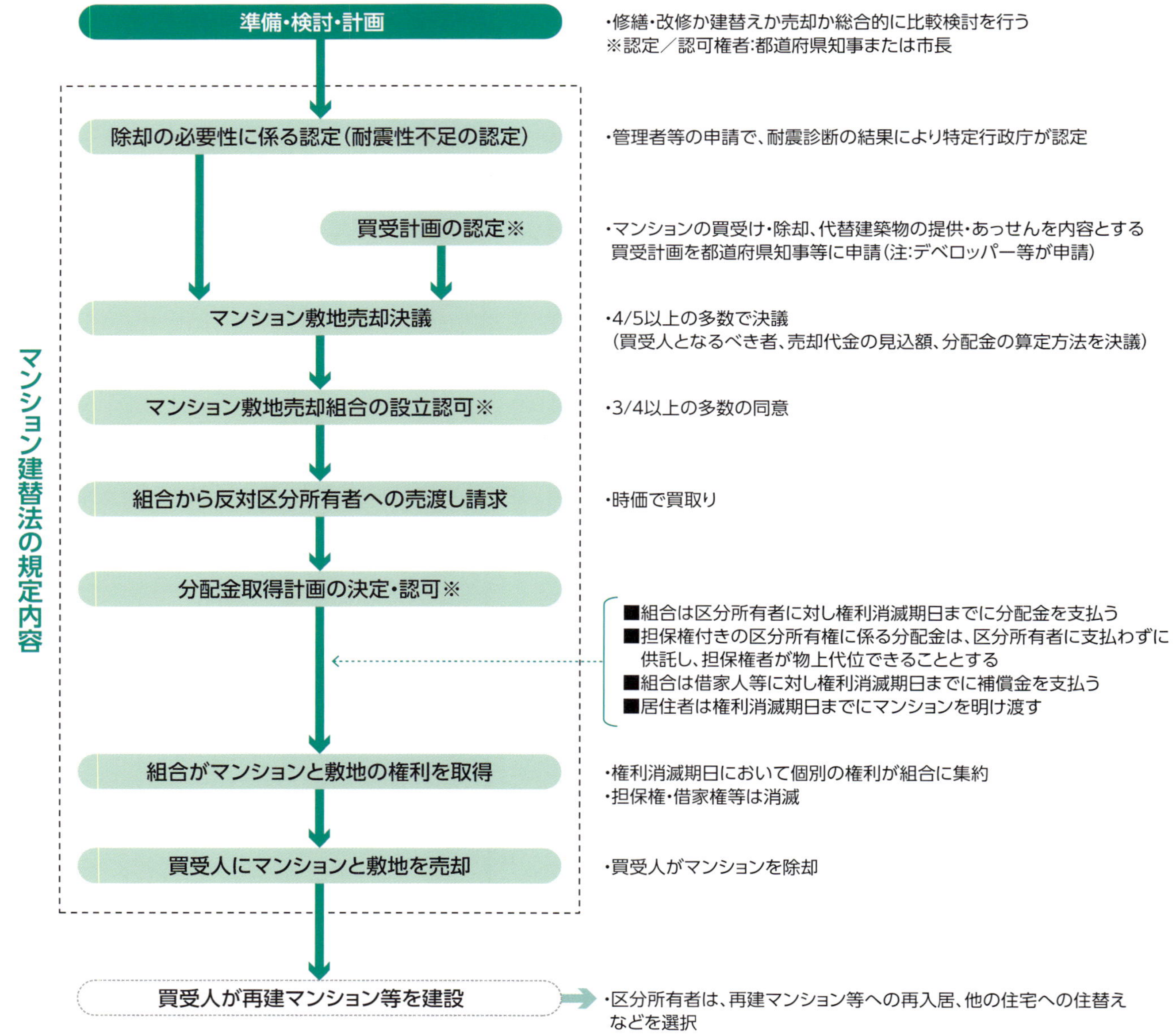

制等の在り方、専門家による相談体制等を含め、多角的な観点から総合的な検討を行い、結論を得る」とされ、これを受けて検討が進められ、本改正に至ったものです。

改正の概要としては、第一に、マンション敷地売却制度の創設です。耐震性不足のマンションについて、区分所有者、議決権および当該敷地利用権の持分の価格の各5分の4以上の多数で、マンションおよびその敷地を売却できる制度です。

第二に、耐震性不足のマンションの建替えにより新たに建築されるマンションで、一定の敷地面積を有し、市街地環境の整備・改善に資するものについて、特定行政庁の許可により容積率規制の緩和ができる制度を創設しました。

マンション敷地売却制度については、図9に沿って、具体的に説明します。

マンション敷地売却制度の対象となる除却の必要性に係る認定の基準は、「耐震改修促進法」に基づく耐震診断の結果、地震の震動および衝撃に対して倒壊、または崩壊する危険性があるものとして判定されたもの（構造耐震指標（Is値）が0・6未満など）です。

なお、本認定の申請に当たっては、耐震改修促進法第25条第1項に規定する区分所有建築物の耐震改修の必要性に係る認定の申請も併せて検討し、十分に合意形成が図られた段階で管理者等がいずれかの申請を行うよう努める必要があります。

売却に対する買受計画の認定については、マンションを買い受けようとする者は、買受けおよび除却の予定時期や資金計画、代替建築物提供等計画、除却後の土地利用等を買受計画として作成し、都道府県知事等の認定を受ける必要があります。

除却の必要性に係る認定および買受計画の認定を踏まえた上で、区分所有者、議決権および当該敷地利用権の持分の価格の各5分の4以上の多数で、マンションおよびその敷地を売却する旨の決議を行うとともに、買受人となるべき者の氏名または名称、売却による代金の見込額、分配金の額の算定方法に関する事項を決定事項として定めます。

次いで、売却合意者ならびにその議決権および敷地利用権の持分価格の各4分の3以上の多数の同意により、マンション敷地売却組合の設立を行います。組合は売却事業に参加しない区分所有者に対して、その区分所有権および敷地利用権を時価で売り渡すよう請求することとなります。

売却マンションの区分所有権および敷地利用権がすべて売却合意者および組合で保有されると、組合は分配金所得計画を定め、都道府県知事等の認可を申請します。

分配金所得計画認可後、組合がマンションと敷地の権利を所得し、買受人にマンションと敷地を売却、組合の解散を実施します。その後、買受人がマンションを除却、再建マンション等を建設します。

複数棟型マンション敷地売却制度について

マンション敷地売却制度については、複数棟型マンションへの適用関係が不明確であった課題を踏まえ、2017（平成29）年6月9日に閣議決定された「未来投資戦略2017」にて、「老朽化マンションの再生の円滑化を図るため、敷地売却を活用した団地型マンションの再生の仕組みを本年度中に構築する」とされました。

これを受けて、国土交通省は「住宅団地の再生のあり方に関する検討会（第2期）」（座長：東京大学大学院工学系研究科教授　浅見泰司）において、複数棟型マンションにおいてマンション建替法に基づくマンション敷地売却制度を活用する仕組みの検討が進められ、2018（平成30）年3月30日付で「マンションの建替え等の円滑化に関する法律施行規則」および「マンションの建替え等の円滑化に関する基本的な方針」を改正し、複数棟型マンションにおけるマンション敷地売却制度の適用関係を明確化（図10）するとともに、「耐震性不足のマンションに係るマンション敷地売却ガイドライン」を改訂し、制度活用上の留意点についてとりまとめました。

また、団地管理組合等におけるマンション敷地売却の検討に係る費用の拠出を認めることを明確化すること等を旨としてマンション標準管理規約（団地型）およびマンション標準管理規約（団地型）コメントを改正いたしました。

建替え等に係る現行の支援制度

これら法制度に加えて、建替事

業等を推進するために各種の支援制度が設けられています。

補助制度として、優良建築物等整備事業（マンション建替えタイプ）に基づく、共用通行部分の整備等に対する補助や、都市再生住宅等整備事業に基づく、マンション建替事業等の施工により住宅等を失い住宅等に困窮することとなる従前居住者のために住宅等の整備・供給する事業に対する補助等があり、また、住宅金融支援機構のまちづくり融資による事業資金の融資制度や高齢者向け返済特例制度が設けられています。

さらに税制の特例措置として、マンション建替えに係る建替え参加者・転出者の譲渡所得や施行者（組合等）の登記等に係る課税について、様々な特例が措置されています。

これらに加えて、「マンションの建替えか修繕かを判断するためのマニュアル」、「マンション建替え実務マニュアル」、「マンション建替えの合意形成に関するマニュアル」、「団地型マンション再生マニュアル」、「耐震性不足のマンションに係るマンション敷地売却ガイドライン」等の各種マニュアルの整備を行い、技術的援助を実施しています。

図10 複数棟型のマンション敷地売却制度の創設

①土地等を共有する**全棟の耐震性が不足する場合**に
②**各棟において4/5のマンション敷地売却決議を行う**ことにより、
③**団地全体のマンションおよびその敷地を買受人に売却する**スキーム

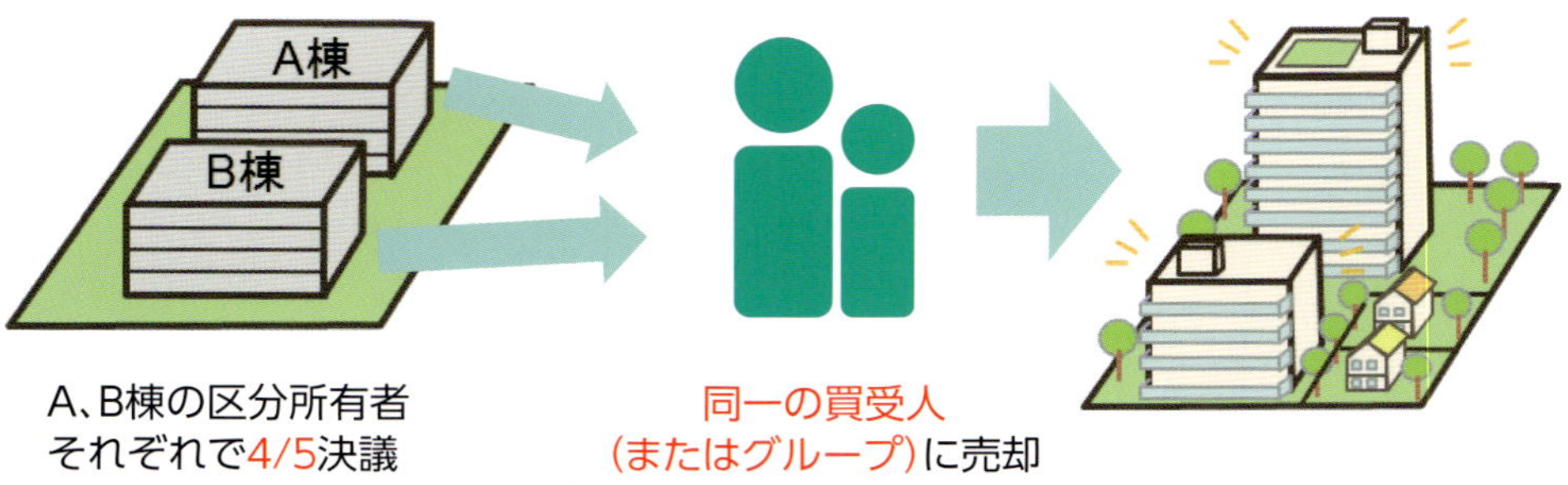

マンション建替え等専門家相談の実施

法改正に合わせ、マンションの建替えやマンション敷地売却等に関する相談を対象とした相談体制の整備を行っており、国土交通大臣から指定を受けた住宅専門の相談窓口である「住まいるダイヤル」（公益財団法人住宅リフォーム・紛争処理支援センターが運営）において2014（平成26）年12月から、一級建築士による相談サービスを実施しています。さらにその中で法律や制度等に関する専門的な相談が必要な場合においては、弁護士と建築士による無料の対面相談を弁護士会と協力して実施しています。マンションの建替えや敷地売却等にお悩みの区分所有者や借家人等の方は、まずは「住まいるダイヤル」にご相談ください（図11）。

これら法制度やガイドライン、マニュアル等については、ホームページにて公表を行うとともに、パンフレットによる情報発信も行っています。

国土交通省ＨＰ「マンション政策」
(http://www.mlit.go.jp/jutakukentiku/house/jutakukentiku_house_tk5_000040.html)
マンション再生協議会ＨＰ
(http://m-saisei.info)

おわりに

このようにマンションの再生手法については、これまでの法制度や支援制度に加えて、法改正により、マンション敷地売却制度という新たな選択肢が加わりました。適宜適切な手法により、マンションの再生がより一層進むことを期待しています。

図11 相談窓口のご案内

住まいるダイヤルによる相談サービスのご案内

マンションの建替え・
マンション敷地売却で困った!
どうしたらいいの?

専門家による相談体制が
できました。
お気軽にご相談ください。

電話相談

平成26年12月1日からサービス開始

安心して利用できる相談窓口です。

住まいるダイヤルは、国土交通大臣から指定を受けた住宅専門の相談窓口〔(公財)住宅リフォーム・紛争処理支援センター〕です。

一級建築士の相談員がお答えします。

一級建築士の資格を持ち、住宅に関する広い知識を備えた相談員が、専門的な見地からアドバイスします。マンションの建替えやマンション敷地売却等についてのご相談にもお答えします。

※相談内容に応じて専門の機関をご紹介させていただく場合もあります。

住まいるダイヤル **0570-016-100**

受付時間 **10:00～17:00** (土、日、祝休日、年末年始を除く)

ナビダイヤルの通話料がかかります。固定電話であれば、全国どこからでも3分8.5円(税別)で通話することができます。PHSや一部のIP電話からはつながりませんので、その場合は03-3556-5147におかけください。

マンションの建替えやマンション敷地売却等についての法律や制度等に関する専門的な相談が必要な場合

専門家相談

平成27年1月からサービス開始

弁護士・建築士等による無料の対面相談です。
各都道府県にある弁護士会※で行います。 ※体制が整った弁護士会から順次実施

【ご利用いただける方】
マンションの建替えやマンション敷地売却等に関係する区分所有者、借家人等の方。
※デベロッパー等事業者の方はご利用いただけません。

まずは住まいるダイヤルにお電話ください。

マンション建替えを成功させるためのコミュニティーの形成

横浜市立大学 国際教養学部 教授 齊藤 広子

マンションはいつまで使えるのか

マンションっていつまで使えるのか、建替えはいつすればよいのか、という質問を受けることがあります。そこで、実際に築何年くらいで建替えが行われているのかを見てみましょう。

図1は今までに建替えられたマンションが築何年で建替えられたのかを示しています。実にさまざまというのが正直なところですが、全体的には築31～50年までに実施しているものが多くなっています。「建物の区分所有等に関する法律」（以下「区分所有法」）が改正され、「マンションの建替え等の円滑化に関する法律」（以下「円滑化法」）が整備された2002年以前は年で区切ると、2002年以前は築31～40年が多く、2002年以降は、築41年～50年での建替えが多くなっています。

マンションの建替えは単純に物理的な劣化に対応するためだけでなく、社会的な陳腐化への対応によるものもあるため、一概に何年で建替えることになるとは言い切れません。ただし、2002年に区分所有法の改正や円滑化法ができたからといって、築年数の浅いマンションで建替えが進んでいるわけではありません。なぜならマンションを建替えるには区分所有者の合意形成が必要となるからです。

マンションの建替えの合意形成

マンションの建替えについて、区分所有者の合意形成はどのように行われるのでしょうか。

「みんなで建替えをしましょう」というマンションの建替え決議は、区分所有法に従って進める必要があります。建替えの決議は、「集会においては、区分所有者および議決権の各5分の4以上の多数で、建物を取り壊し、かつ、当該建物の敷地若しくはその一部の土地又は当該建物の敷地の全部若しくは一部を含む土地に新たに建物を建築する旨の決議をすることができる」とあります。一人一人の区分所有者が責任を持ち、意思表示をするために、建替えに必要な費用はどのくらいかかるのか、修繕と比べるとどうかなどを十分に検討した上で、集会で決議することになります。そのため、決議をする集会（総会）の招集手続きは、会日よりも少なくとも2カ月前に発し、決議の1カ月前までには説明会を行うことになります（区分所有法）。

こうして、各区分所有者は資料を十分に見るなど時間をかけて検討した上で、各自が責任を持って建替え決議に参加することが必要になります。

なお、建替え以外に、建物を解体し、区分所有者間の共有関係を「解消」し、管理組合を解散し、更地にして土地を売却することも可能です。しかし、その方法を採択するには原則、区分所有者全員の合意が必要となります（表1）。また、被災した場合や耐震性が低い場合等においては、5分の4以上の多数で「解消」はすることができますが、それ以外のケースでは、現在の法律の下では全員の合意が必要となり、現実にはかなり難しいことになります。

図1 築何年でマンションを建替えたか

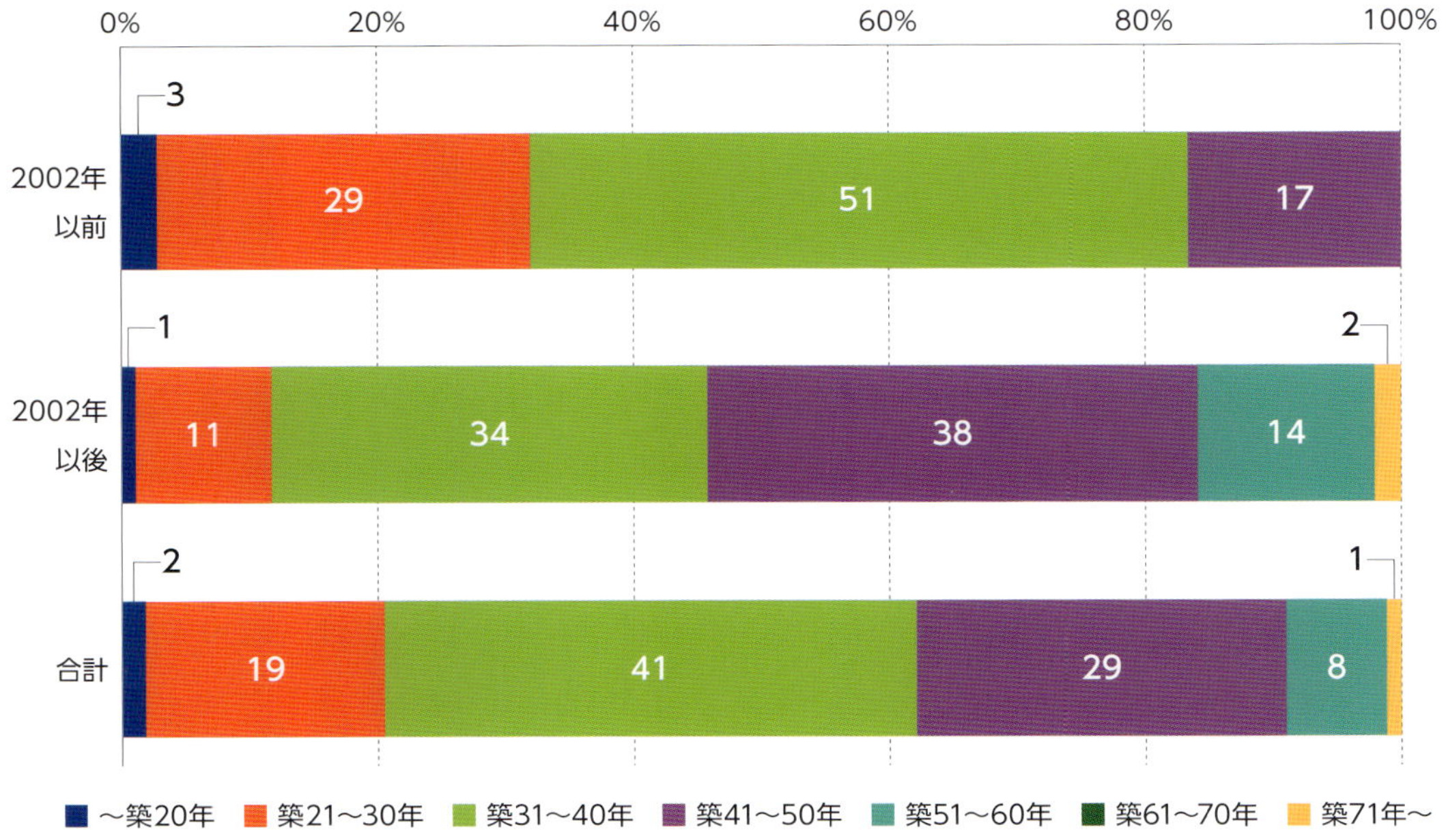

表1 マンションの再生手法と合意形成比率

メニュー	老朽化の場合	被災復旧の場合	耐震性が低い場合
耐震補強	3/4以上の多数（区分所有法）	1/2を超える滅失があった場合、3/4以上の多数（区分所有法）	1/2以上の多数[注]（建築物耐震改修促進法）
大規模改修	3/4以上の多数（区分所有法）又は全員の合意（ケースによる）（民法）		3/4以上の多数（区分所有法）又は全員の合意（ケースによる）（民法）
建替え	4/5以上の多数（区分所有法）	4/5以上の多数（被災マンション法）	4/5以上の多数（区分所有法）
解消	全員の合意（民法）	4/5以上の多数（被災マンション法）	4/5以上の多数（円滑化法）

（注）建築物耐震改修促進法により「要耐震改修認定建築物」の認定を受けた建物については過半数決議となる。

マンションの建替え事業の円滑化のために

マンションの建替え決議が成立したあとは、区分所有法に従い、決議の際に建替えに賛成しなかった人（例えば、反対者のほか、決議に出てこない、何も言わない人）に参加するかどうかの確認を行い、建替えに参加しない人々の建物や敷地利用権を時価で売り渡すよう請求することになります。

さらに、事業を円滑に進めるために、円滑化法を使うこともできます（図2）。建替え合意者で建替組合をつくり、知事の認可を受け、事業を進めます。建替組合は、総会における5分の4以上の多数決決議により、権利変換計画を定め、知事の認可を受けます。認可を受けた権利変換計画に従い、区分所有権、抵当権等の関係権利が再建されたマンションに移行することになります。また、建替組合は権利変換計画についての総会の議決に賛成しなかった組合員に対し、その区分所有権等を時価で売り渡すことを請求でき、賛成しなかった組合員は、組合に対して、その区分所有権を時価で買い取るよう請求できます。施行者・地方公共団体・国は、賃借人も含めた居住の安定を考慮することとなります。

つまり、マンションという不動産の再生は、区分所有者が主体となり、法に基づいて合意形成を行い、合意形成できない場合には経済的評価を用いての事業の進行、さらに民民で決めたことを、行政が認可するという形で支援することで、事業が円滑に進むスキームが整備されています。

マンションが複数棟ある団地型マンションでは、「棟別建替え（棟ごとの建替え）」、または「一括建替え（団地全体の建替え）」があり、市街地再開発事業としてまちと連携し、再生が行われる場合もあります。

建替えに関する裁判事例

マンション建替えでの大きな課題は、区分所有者の合意形成であり、方針決定を円滑に行い、トラブル発生を予防することが必要です。極めて悲劇的な事態として、建替えに関して区分所有者間でトラブルとなり、裁判にまで発展してしまうという事例があります。

図2 円滑化法に基づいた建替え事業の進め方

ステップ1 建替組合の設立段階	参加組合員を選定し、定款および事業計画を策定し、建替組合の設立に対する建替え参加者の所要の同意を得て（建替え同意者の3/4以上の同意）、知事の認可を受けて、建替組合を設立する。
▼	
ステップ2 権利変換段階	建替組合は建替え不参加者*1に対して、売渡請求を行い、建替え参加者を確定した上で、権利変換計画を策定する。権利変換計画に対する建替え参加者の同意を得て*2、知事の認可を受け権利変換を行う。 ＊1 権利変換を希望しない旨の提出　＊2 組合員の4/5以上の同意および関係権利者の同意
▼	
ステップ3 工事実施段階	事業計画や権利変換計画に基づき、実施設計を確定し、建替え工事を施工する。工事が完了した後、必要な登記や清算業務を行う。
▼	
ステップ4 再入居・新管理組合の設立段階	新マンションに再入居し、新マンションの管理組合を発足する。新マンションの管理組合設立に合わせて、新しい管理規約などを作成する。

そうなると、事業は前にも後ろにも進まなくなります。

なお、2002年に区分所有法が改正され、その前と後では、裁判の内容も異なってきています。

そこで、2002年以降のマンション建替えに関する裁判事例を見てみましょう。

裁判になった事例を見ると、建替え決議の有効性を問うものがあります。区分所有者でない者が、総会を招集していたケース、建替えるマンションの敷地が特定できないケースなど、手続きに瑕疵があった場合です。他にも売渡請求をした際に、時価の算定方法が問題になった事例もあります。また、建替え決議に参加しないで、売渡請求を受けた区分所有者が、借家人の退去や、借地権の場合に地主の承諾を得ることまでしなければならないのかなどが争われています。

裁判になると2～4年の期間を要するケースもあります。せっかく建替え決議ができたと思っても、裁判で事業がストップし、その後の決議が無効となれば、ゼロ、あるいはマイナスに戻ってしまいます。

こうしたことを避けるためには、正しい知識を持った専門家のアドバイスのもとに建替えを進めることが重要になります。建替え発意から建替え決議まで、平均で約7・4年かかっているという報告もあります。焦らず、後戻りしないように、確実に進めることが大切です。

建替えがうまくいかない事例

その他に裁判に至らずとも建替えがうまくいかないケースでは何が問題となるのかを、マンション建替えを多く手掛けている会社の担当者に聞いてみました。

事例1

コンサルタントや事業者だけに合意形成活動を任せて、区分所有者は誰も汗をかいていなかった。だから、事業者等に対する区分所有者からの要求がエスカレートしていく。区分所有者が自分たちの問題として捉えていないため、建替えについての理解者や、賛成しない人に対しての思いやり、配慮がない。

事例2

古いマンションを大々的にリフォームして購入した人がいる。リフォームに費用をかけているので、マンションは取り壊したくないし、ましてや新たに建替えの費用を出せるだけの金銭的な余裕はない。

事例3

理事のなり手がなく、同じ人がずっと理事長をしている。建物が老朽化していることを心配しているが、その問題を共有できる理事、仲間がいない。故に、理事長一人で一生懸命頑張っているが、誰もついてこない。区分所有者が自分たちのマンションに無関心になっており、建替えにも関心がない。

事例4

建替えに関する間違った情報で、区分所有者が実現できない期待に胸を膨らませている。例えば、「自己資金ゼロで、新しいマンションが手に入る」というバラ色の計画を示されて、現実が見えなくなっている。

事例5

理事長の個性が強すぎて、理事長についていく人が誰もいない。理事長は他の人が意見を言っても聞く耳を持たずに否定する。そのため、建替えに反対する人が「もっとよい条件の計画がある」と言って、計画をひっくり返す。

事例6

積極的に建替えを進める理事がいたが、実は、自分たちの利益を優先し、業者とつるんで儲けようとしていた。その事実に皆が気づいてからは、建替え計画についていけなくなった。

事例7

建替え委員会の運営や建替えの進め方について、委員内で意見が食い違い、途中から建替え委員を辞めた人が、強硬な反対者となり、建替えの進行を阻止するようになった。

その他にも、「区分所有者の中に責任を持って建替えに取り組もうという人がいない」、「建替えを進めている人はよいことを言うが、プライドが高すぎて周りの意見を聞かず、区分所有者の中に多くの敵をつくっていた」などがありました。

裁判にまで至るケースでは、残念ながら管理組合内の人間関係のもつれによることが多いようです。建替えが円滑に進められるかどうかは、もちろん建替えを進める経済的・物理的条件などに恵まれるということも大きいのですが、区分所有者間の人間関係が大きく左右するというのも事実です。

建替えがうまくいった事例

一方、建替えが円滑に進んだという事例を見てみましょう。

事例1

理事会が中心になって建替えを進めたケースで、このマンションでは理事会を2週間に1回行い、徹底的に議論をした。理事会を1年で30回以上開催した。5分の4以上の多数で建替え決議ができるが、区分所有者全員が納得し、賛成してもらえることを目指して丁寧に話し合いを進めた。

事例2

マンションの建替えについての説明会、アンケート、個別面談を繰り返し行い、区分所有者一人一人の意向を丁寧に把握し、対応した。その結果、初めに意思表示をしない人、反対していた人も建替えに関する不安が少しずつなくなり、最終的には賛成となった。

事例3

築年数の経ったマンションでは高齢者が多くなる。高齢者が頑なに反対することを避けるために、高齢者に寄り添い、建替えを不安に感じないように、生活面を含めてサポートをした。

事例4

建替え時にどうしても費用負担できない高齢者のために、建替えたマンションの一部に管理組合の共用部分として部屋をつくり、高齢者が使用賃貸借で一生住めるようにした。

事例5

建替えに際して、都市計画法上の一団地規制の解除が必要となったため、その手続きを事業者に任せきりにせず、区分所有者は署名を集め、皆で市役所に交渉に行った。

事例6

理事会の発案で「談話室」と名付けた、誰でも気軽に来られる集まりの場を設け、区分所有者一人一人と丁寧に話し合いをする機会を設けた。管理組合主催で、「いつでも来てください」というよろず相談会を、合計16回開催した。初めは、建替えありきではなく、住民だけで日常の暮らしについて自由におしゃべりをした。ご近所からうわさ話でこんなことを聞いたなど、建替えについての話が会を重ねるほど増えてきたため、建替えについての正しい情報を提供する場としていった。談話室を訪れた区分所有者からは、「不安だったことをすべて聞いてくれて心強かった」、「つまらないことでもちょっと聞いてみようとなり、安心できた」という声があった。

建替えが円滑に進められる基本に、関係者との信頼関係の構築、区分所有者、特に高齢者の不安をなくすこと、そして管理組合が主体となり、自分たちの問題として捉え、常に正しい情報を把握できるようにすることが必要です。区分所有者一人一人が安心し、適切に判断できる環境をつくることが成功への道となっています。

建替えを円滑に進めるための3つのポイント

そこで、改めて建替えを確実に円滑に進めるためのポイントを見てみましょう。

第一に、マンションの建替えに関する正しい専門知識のもとで確実に進めることです。先の訴訟の事例や、バラ色の計画などのように、間違った手続きや知識、情報が建替えを確実に進める上での阻害要因になります。一度思い込んでしまうと、人はなかなか簡単には気持ちや情報を変えることはできません。そこで、専門家のアドバイスを受け、確実に、一歩一歩建替えを進めることが大切です。ローマは一日にしてならず。マンション建替えも急には進められないということです。

第二に、管理組合が主体となり、建替えに取り組む体制をつくることです。その際に大事なことは、初めから建替えありきで進めるのではなく、マンションの何が問題であるのかの情報・事態を区分所有者間で共有することです。そして、それらの問題を解決するには、どのような方法があるのか、管理組合、区分所有者間で話し合う体制をつくることです。大規模な改修で対応できるのか、建替えがよいのか、あるいは土地を売却し、管理組合を解散するのがよいのかといった複数の選択肢を整理した上で、その方法のメリット、デメリット、費用、条件なども十分に議論し、方針を決めることが必要です。

失敗した事例や、裁判になった事例ではこうした体制が構築されていないことが多いようです。事業者任せにするのではなく、区分所有者一人一人が主体であるとの自覚から、管理組合内で取り組む体制を整える必要があります。

先の建替えがうまくいった事例のマンション（事例6）では、建替えを進めているとどうしても建替え反対者から、多くの質問書が届きます。その際に、個別に回答するのではなく、「こういう質問がありましたが、その回答はこうなります。」と、区分所有者の全員に書面で開示し、管理組合としての見解を全員に正しく伝える努力をされていました。管理組合の中で、現状と課題、そして情報の共有が必要であり、忙しくて説明会などに参加できない人のためにも、情報を共有できる広報をうまく活用することが大切です。

なお、その基本として、区分所有者が誰かをしっかりと把握し、区分所有者名簿を作成することが必要となります。高齢化が進んだマンションでは、独居老人が亡くなり、相続人がわからない、連絡先がわからないといったケースなどがあるからです。こうした取り組みは、「建替えをするのだから実行しましょう」ではなく、日頃からしっかり管理体制を構築しておくことが大切です。さらには、先の事例のように、大規模なリフォームをしたから建替え反対と言われないように、建替え検討中であることや、建替え推進決議をしていることは、情報開示をすること、また、新たに借家人を入れる場合には、定期借家にするなどの対応も必要です。

第三に、区分所有者一人一人への思いやりを持ち、コミュニティーの形成を基本とした対応とすることです。建替え決議は多数決で決まりますが、いざ建替えを実行しようとすると、建替えに参加しない人の転居先の確保、住民の仮住まい先の確保が必要となります。

マンション建替え時には、区分所有者、特に高齢者の中には不安だから意思表示をしない、難しいから意思表示をしない、あるいはよくわからないから反対するということも少なくありません。

故に、丁寧な個別対応が必要となるのです。その基盤として、「建替えをするのだから仲良くしましょう」ではなく、日常的に同じマンションに住む居住者として、お互いが顔を知り、知り合う関係、助け合う関係を構築しておくことが大切です。

実際にコミュニティー活動をしっかりしていたマンションでは、災害時の助け合いが多かったという調査結果があります。また、コミュニティーが形成されているマンションでは、管理組合の運営がスムーズであるという調査結果もあります。

建替えがうまくいっていない事例や裁判にまで発展した事例に共通するのは、その基盤に人間関係に問題があることがあります。

いつかは来るかもしれない建替えに備えて、まずは日常的に管理組合の運営体制をしっかりと構築し、良いコミュニティーをつくり、多世代が理解し合えるような場や機会をしっかりともつことが大切です。

マンション建替え事業にかかる住宅金融支援機構の融資制度について

～マンション建替え事業を金融面から支援～

増え続けるマンションストック

全国にあるマンションのストック数は、まもなく650万戸にも迫ろうとしています（図1）。

築30年を超えるマンションは2017年末時点で、約185万戸とされており、このままでは、10年後に2倍の約352万戸、20年後には3倍の約545万戸になることが予想されています（図2）。

築30年、40年を経たマンションもかなり増えてくるとなれば、気になるのは建物の老朽化でしょう。建築や修繕工事の技術も進んでいることから、きちんとメンテナンスをしていれば100年もたせることができるとも言われていますが、それでも外壁や屋上にひび割れでもできれば、そこから雨水が浸透して鉄骨のさびが生じますし、コンクリートの耐久性も落ちてしまいます。また、構造の劣化だけではなく、設備の陳腐化や部屋の間取りや広さが今のニーズに合わなくなってきたことなどによる社会的な老朽化も懸念されるところです。

おそらく3回目の大規模修繕工事を経たころには、建替えの議論が出てくるのではないでしょうか。

進まない建替え事業

しかし、これまでに建替えが完了したマンションは、全国でわずかに236件（図3）、近年では、年間10件程度しか建替え完了に至っていません。

マンションの建替えが進まない理由はどういったことにあるのでしょうか。過去の老朽化マンション等の建替えに関する実態アンケート調査を見ると、建替え事業を具体的に進めるに当たって「事業上の問題」については、「現在のマンションが既存不適格（容積率オーバー等）で事業スキームが組み立てられなかった」が最も多く、次いで「建替えの検討費用の確保が難しかった」と資金面での問題があげられています（図4）。また、「合意形成上の問題」では、「高齢居住者や低所得者など個別の事情に配慮する必要があるが、対応が難しかった」が最も多い回答となっています（図5）。建替え前のマンションには、さまざまな区分所有者が居住しており、そういった方々の合意を取り付ける上で、資金面の問題を避けるわけにはいきません。

つまり、マンションの建替えを円滑に進めるための合意形成の鍵となるのは資金面での支援であると言えるでしょう。資金面の支援としては地方公共団体による補助金などもありますが、住宅金融支援機構が提供するまちづくり融資の活用も有効です。

住宅金融支援機構とは、旧住宅金融公庫のことで、1950年の設立から廃止となる2006年度末までの57年間に1，941万戸

図1 分譲マンションの新規供給戸数とストック戸数

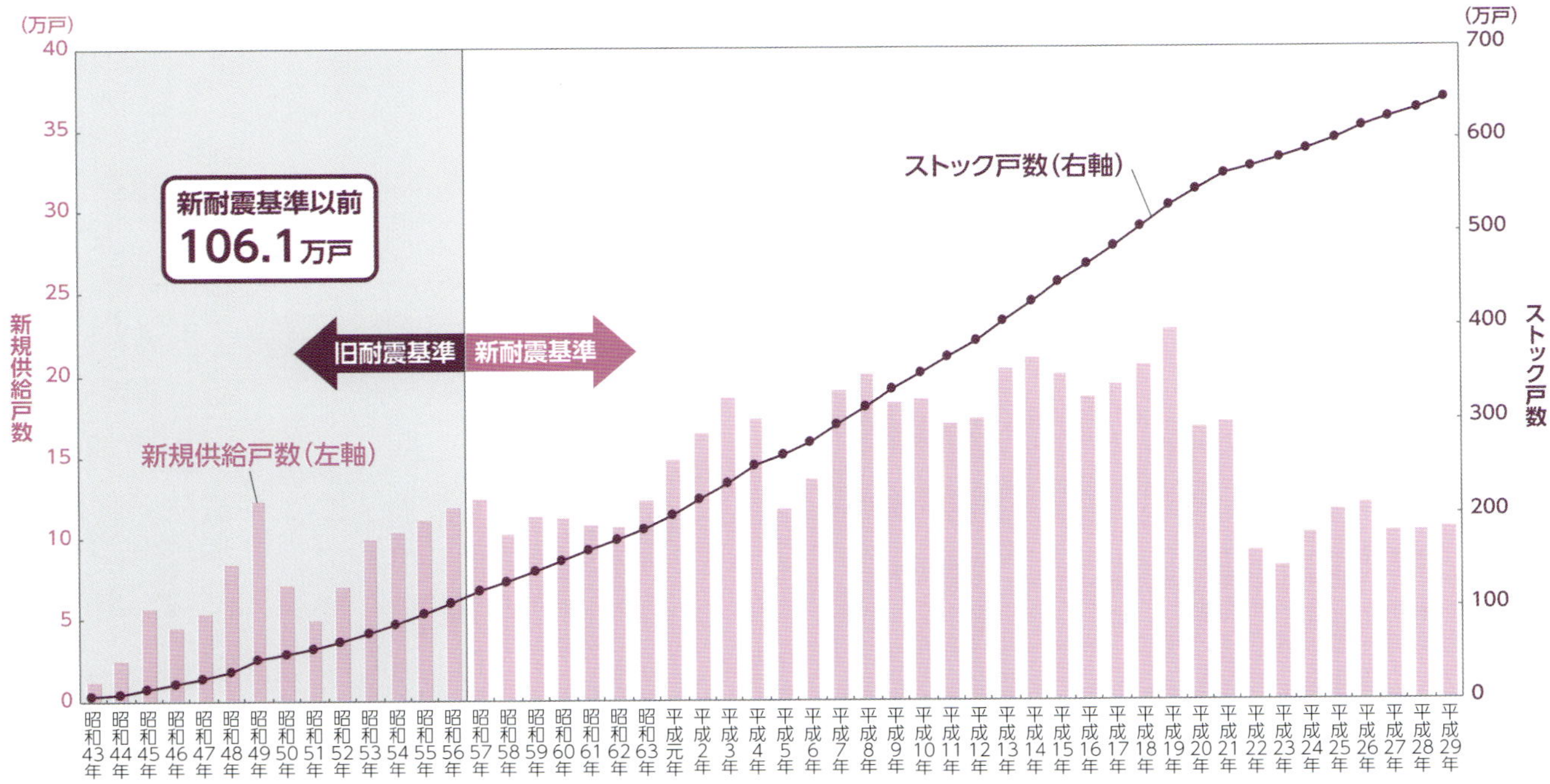

（出所：分譲マンションストック数(国土交通省)）

図3 マンション建替えの実施状況

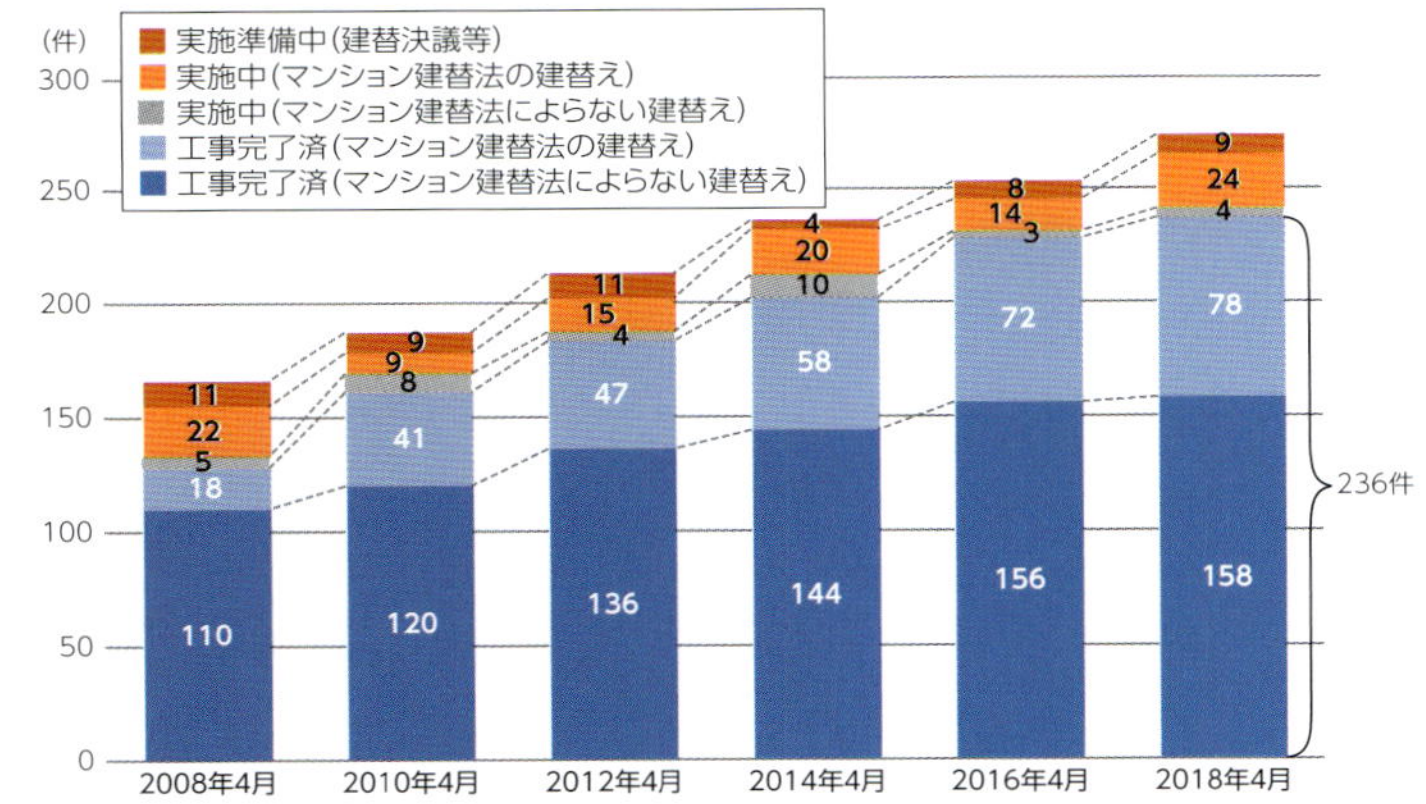

（出所：マンション建替えの実施状況(国土交通省)）

図2 築後30、40、50年超の分譲マンション数

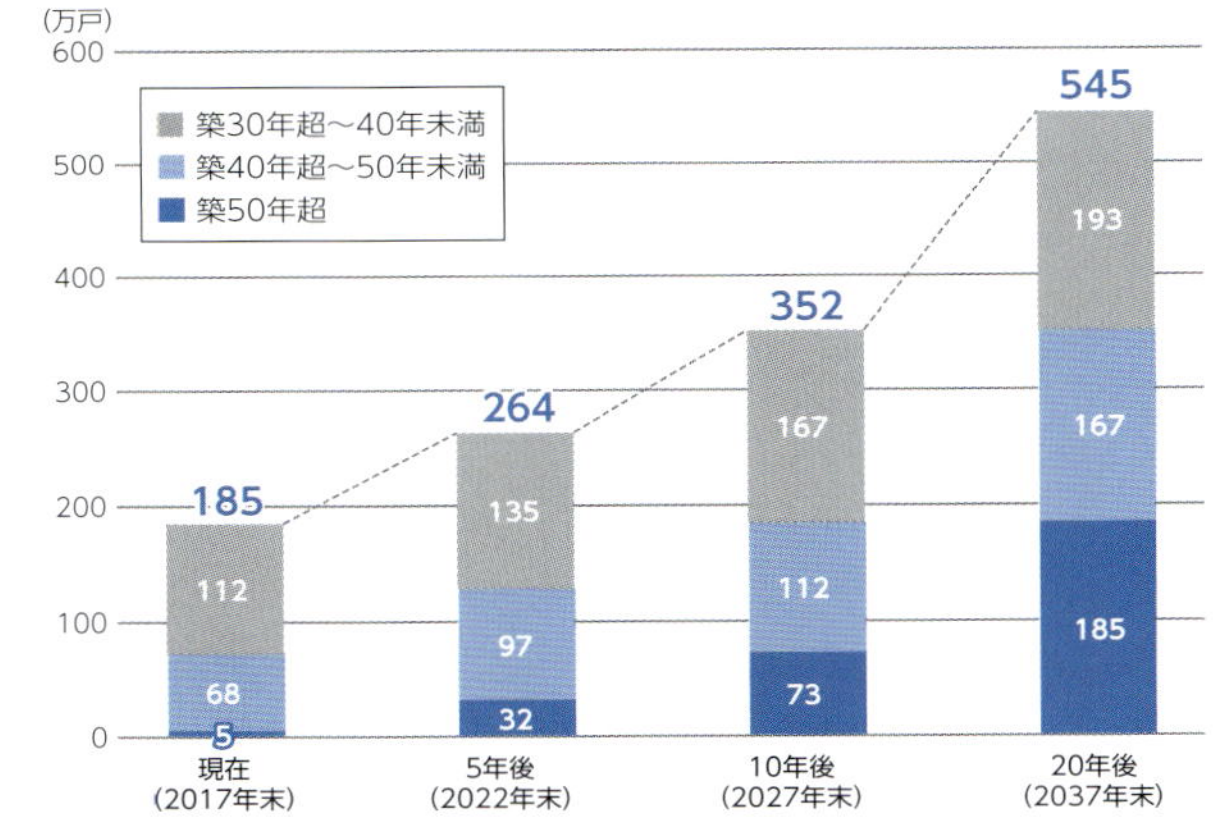

（出所：築後30、40、50年超の分譲マンション数(国土交通省)）

の住宅に融資を行っていました。これは、戦後建設された全住宅の約3割に相当します。

今では長期固定住宅ローン【フラット35】で有名ですが、マンション建替えを支援する融資も行っています。次からは、住宅金融支援機構のまちづくり融資について見ていきましょう。

マンション建替え事業を金融面から支援(事業資金)

建替えを進めるに当たって事業上の問題の一つとしてあげられた「建替えの検討費用の確保」への対応策としては、【まちづくり融資（短期事業資金）】があります。マンション建替事業の実施主体となるマンション建替組合や参加組合員が事業を進めるために必要な資金への融資制度になります。

融資の対象となる事業費は建築工事費のほか、マンション建替えのための計画検討費用や調査設計費用、補償金、参加組合員の負担金等についても対象となります。

マンション建替組合が事業を進めるには、【準備】、【検討】、【計画】、【実施】、【工事】のステップ（図

6）が考えられますが、まちづくり融資（短期事業資金）は、どのタイミングの必要資金でも相談に応じています。

一般的に、事業の初動期とされる権利変換計画が認可される前までは、民間金融機関での融資が難しいとされていますが、住宅金融支援機構では事業の確実性などを勘案しながら、初動期費用に対しても融資を行い、権利変換計画認可後は民間金融機関へ融資をリレーするなど、民間金融機関と協調してマンション建替事業を支援しています。なお、融資に当たっては、地域要件や事業要件、建築物の要件（図7）もありますので、融資を検討される際は、融資窓口で詳細をご確認ください。

図4 建替え事業を具体的に進めるに当たっての事業上の問題

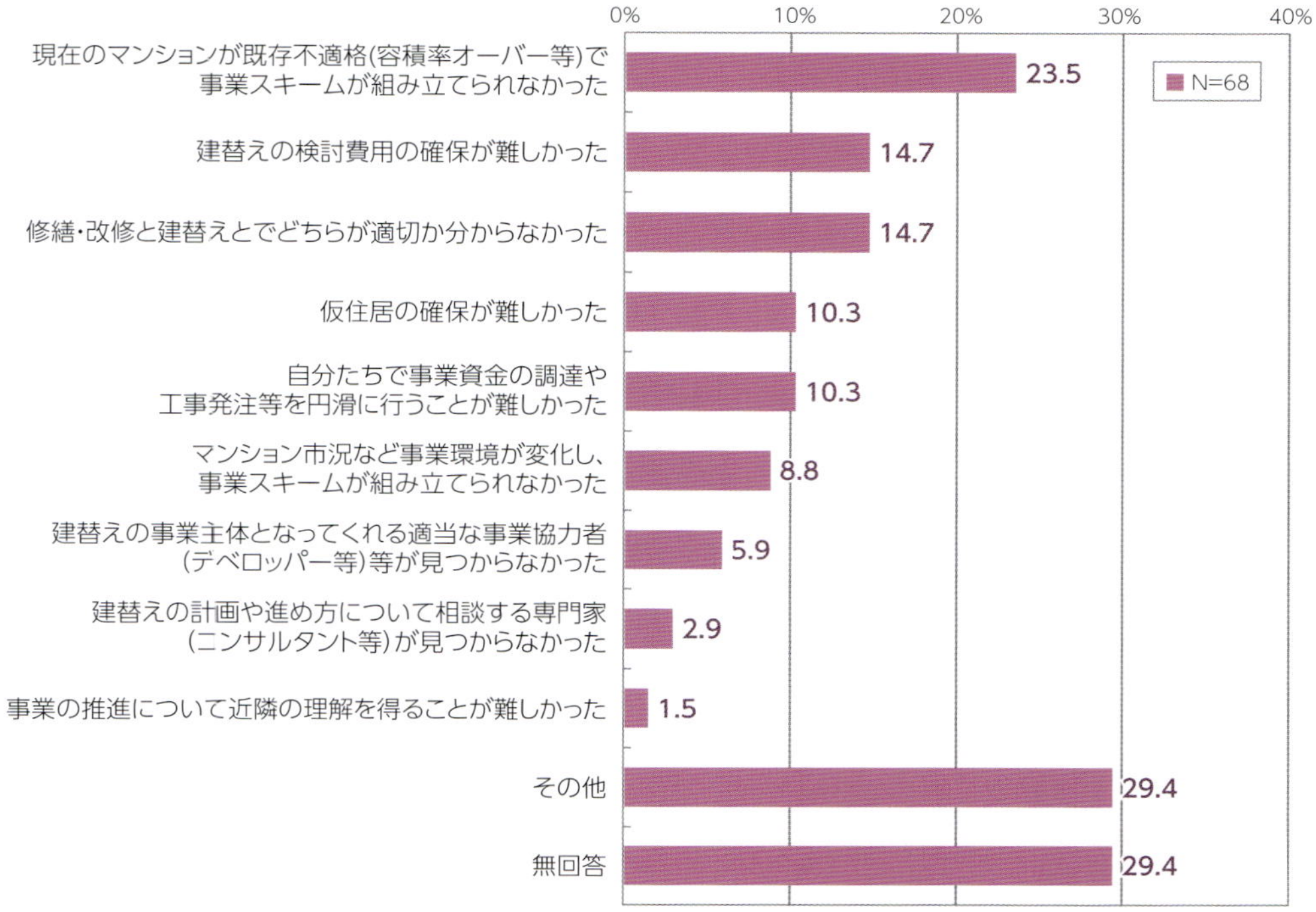

（出所：分譲マンションの建替え等の検討状況に関するアンケート調査結果について（内閣府、法務省、国土交通省））

図5 建替え事業を具体的に進めるにあたっての合意形成上の問題

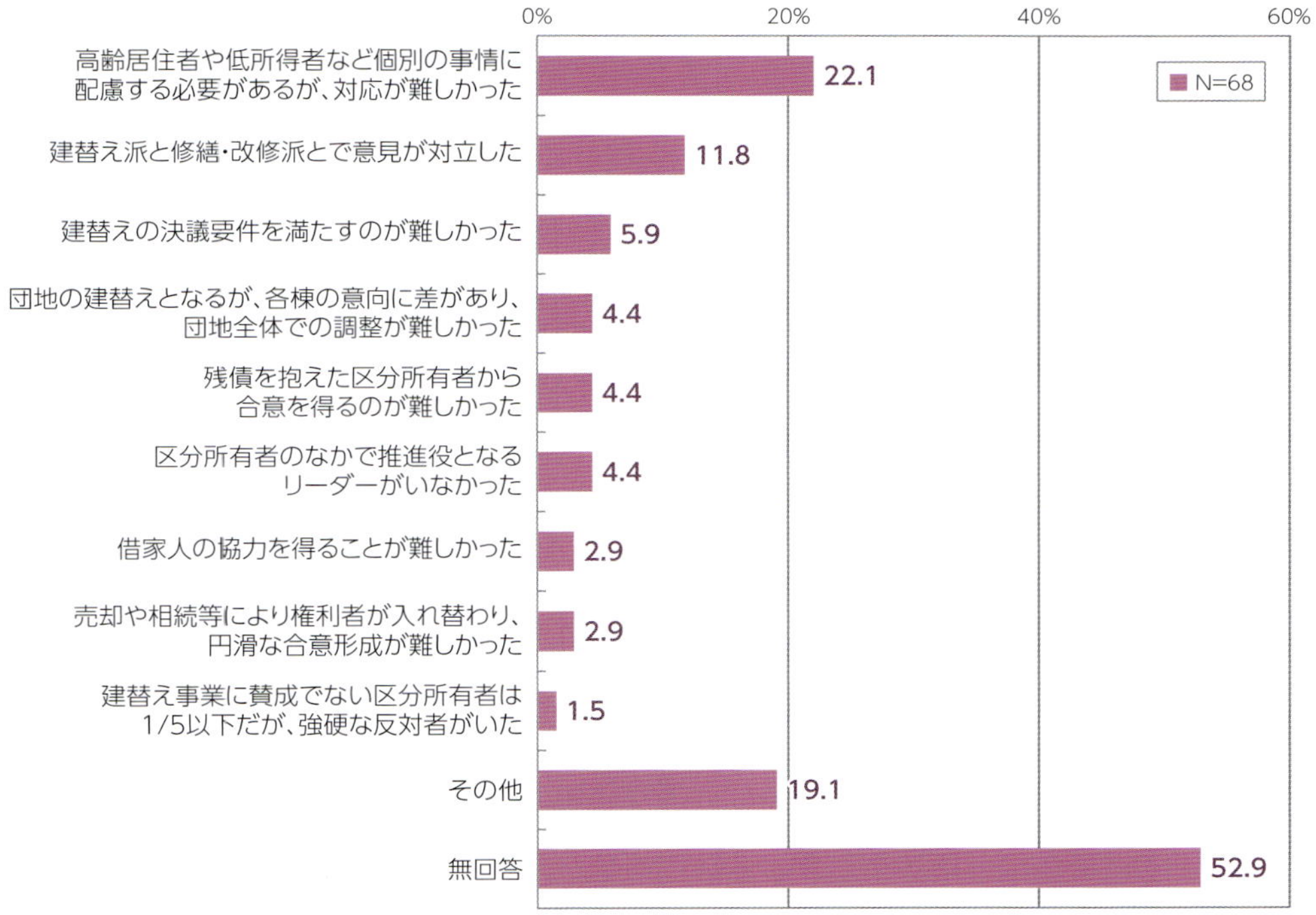

（出所：分譲マンションの建替え等の検討状況に関するアンケート調査結果について（内閣府、法務省、国土交通省））

図6 マンション建替え事業の流れ

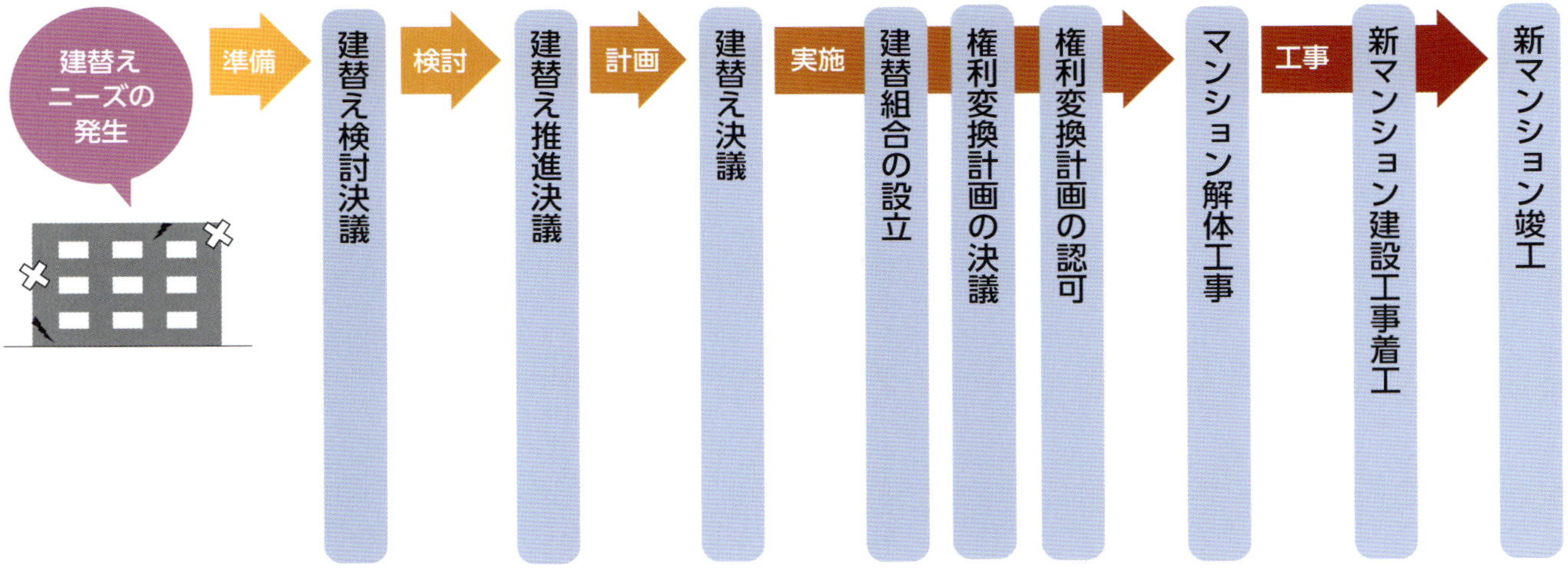

図7 まちづくり融資の主な融資要件

まちづくり融資（短期事業資金）の主な要件

申込人要件（融資をご利用いただける方）

次の①から③までのいずれかに該当する方

①個人　②中小事業者【注】である法人　③建替え事業を行う組合（マンション建替組合等）

【注】中小事業者とは、資本の額若しくは出資の総額が３億円以下または常時使用する従業員が300人以下の事業者をいいます。

地域要件

次のⅠおよびⅡの地域に該当すること。

Ⅰ 一定の用途地域
　例：住居系地域・商業系地域など
Ⅱ 整備改善を図る必要がある区域
　例：重点密集市街地、防火・準防火地域など

＋

事業要件

次のⅠからⅤまでのいずれかの事業に該当すること。

Ⅰ マンション建替え事業
Ⅱ 共同建替え事業
Ⅲ 賃貸建築物建替え事業
Ⅳ 総合的設計協調建替え事業
Ⅴ 地区計画等適合建替え事業

＋

建築物要件

次の１から５までのすべての点について要件を満たす建築物を建設する事業であること。

1 建物全体に対する住宅部分の割合1/2超
2 建築物の構造が耐火構造又は準耐火構造
3 法定容積率の1/2以上を利用していること
4 住宅の専有面積（30㎡以上280㎡以下）
5 機構の定める一定の技術要件

（出所：住宅金融支援機構）

マンション建替え事業を金融面から支援（個人向け資金）

マンション建替えの高齢者に対する合意形成の支援策としては、【まちづくり融資（高齢者向け返済特例）】があります。合意形成上の問題として「高齢居住者や低所得者など個別の事情に配慮」があるように、建替えの実行には、現在のマンションの解体費用や新しいマンションの建設費用だけではなく、建替えの工事期間が数年に及ぶことによるその間の仮住まいをするための費用やそれに伴う引っ越し費用などが必要になります。

かつて、建替えに成功したマンションは、公社や公団などにより建築された複数棟で構成された団地型マンションのように、建築された時点で敷地の容積率を余らせていたために、新しく建てるマンションの戸数を従前よりも増やし、増えた住戸を一般に売却することで建設費に充て区分所有者の負担を軽減することができました。

ところが、マンション建替えが完了に至ったケースだけを例に見ると、マンション建替えの区分所

有者の費用負担は年々増えてきています（図８）。

還元率とは、建替え前の住戸の面積に対する自己負担なしで取得することができる建替え後の住戸の面積の割合のことですが、仮に建替え前に60㎡の住戸を所有していた人が、建替え後も同じ60㎡の住戸を自己負担することなく取得することができれば、還元率は１００％ということになります。

かつてはその還元率が、１５６・３％もありました（図９）。つまり、マンションを建て替えるのに当たり、従前と同じ広さの住戸を取得するのであれば、工事期間中の引越し資金や仮住まい費用に充てることのできる補償金を得ることができていたということになります。

しかし、ここ10年程度の間に建替えが完了したマンションの平均の還元率は１００％を切る水準となっています。容積率に余裕のある案件が減り、従前のマンションに対してあまり大きなマンションが建てられなくなっていることや解体費・建築費の高騰が要因と考えられます。

今後は、こうした負担金額が大きなマンション建替え事業への支援が求められると考えられます。

建替えを検討するマンションということは、当然築年数が一定に経過したマンションとなり、居住している区分所有者も高齢者の割合が高くなっていることが多いようです。

負担金について、自己資金で用意できない場合には、ローンを組むことが考えられますが、高齢者の方は収入が低くなり高額のローンを組むことが難しいとされています。また、ローンを組むことができても、完済時の年齢が決められていることから、十分な返済期間を設けることができず、結果的に毎月の返済額が大きくなり返済負担が重くなってしまいます。

【まちづくり融資（高齢者向け返済特例）】は、毎月の返済額は利息のみ（図10）となるため、月々の返済負担を低く抑えることができます。

例えば、１，０００万円を借り入れる場合、通常の融資（フラット35を利用し、返済年数19年、金利年1・33％の場合）では、月々の返済は約５万円となりますが、この融資制度を利用すると、２分の１から６分の１程度の返済額に抑えることが可能です（図11）。

図9 従後マンション竣工年別平均還元率

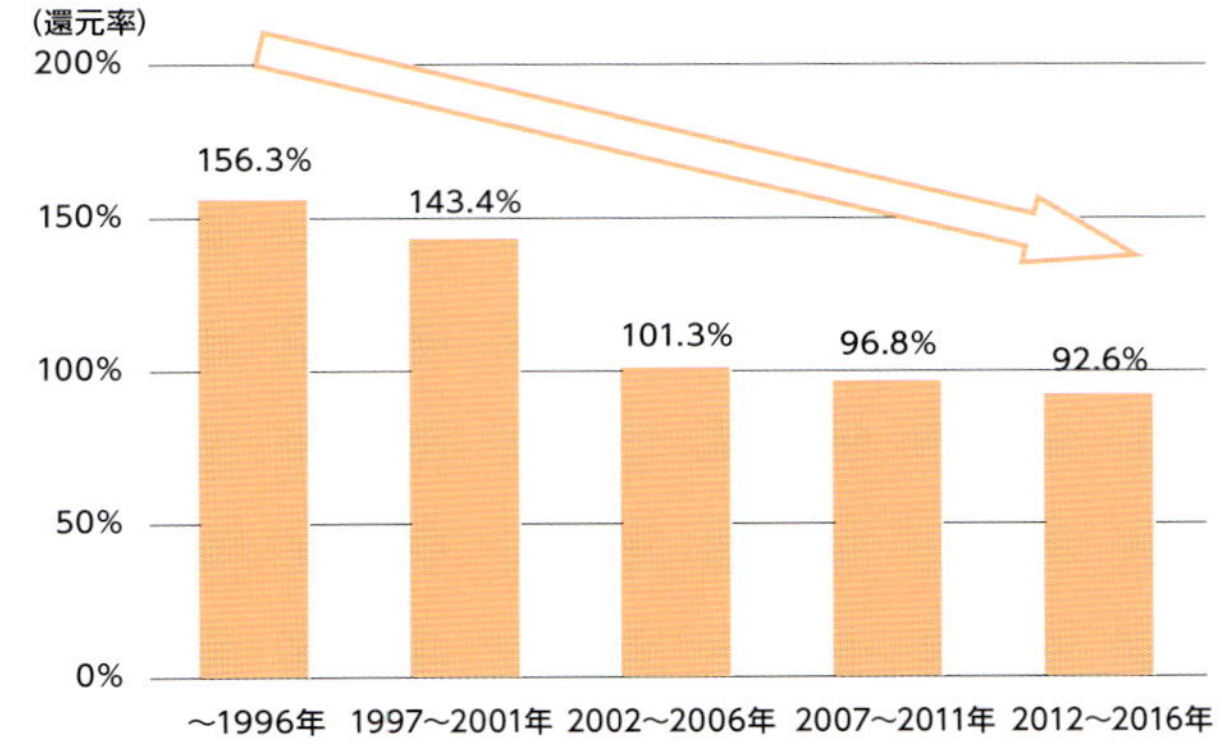

（出所：マンションの再生手法及び合意形成に係る調査（国土交通省））

図8 従後マンション竣工年別区分所有者の平均負担額

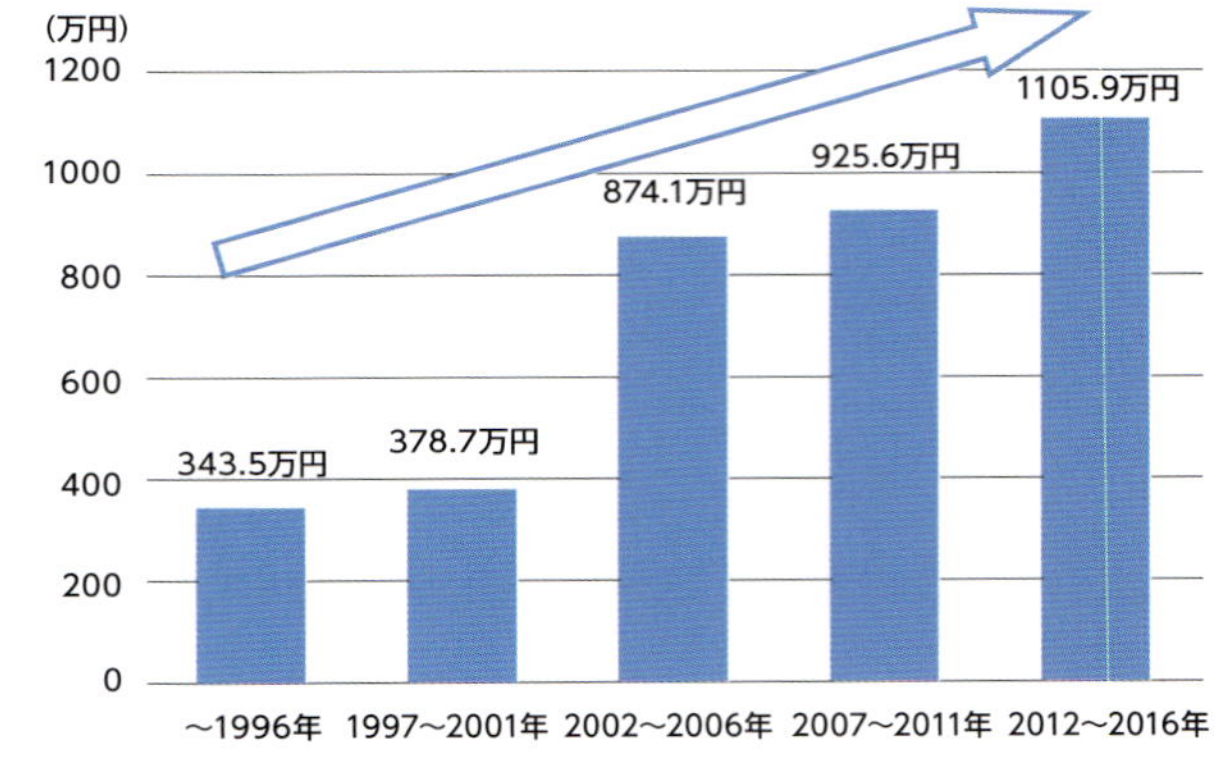

（出所：マンションの再生手法及び合意形成に係る調査（国土交通省））

図10 まちづくり融資（高齢者向け返済特例）の返済イメージ

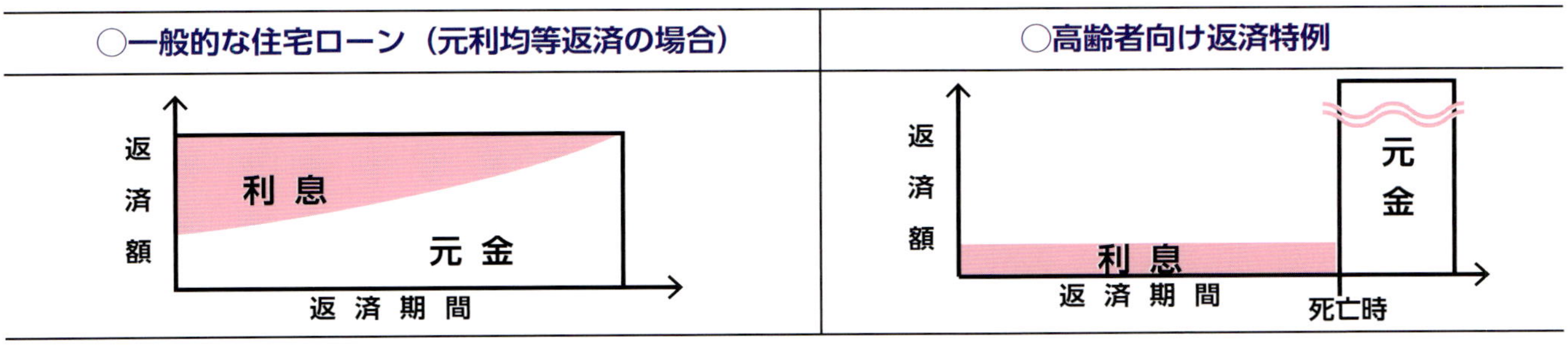

融資の特徴としては、元金は亡くなったときの一括返済であることや親族などの個人の保証が不要な点があります。なお、【まちづくり融資（高齢者向け返済特例）】を活用できるマンションの要件は、先述のまちづくり融資（短期事業資金）と同じになります。主な融資の特徴および条件は図12および図13になります。また、保証機関の保証が必要なコースと、保証が不要なコースがあり、

図11 まちづくり融資（高齢者向け返済特例）の返済額の計算例

特徴1 **毎月の返済は利息のみとなり、月々の負担を低く抑えられます。**

(例)1,000万円を借入れされた場合のご返済

フラット35 (年1.33% 19年間(※)の元利均等返済の場合) ※申込人が60歳の場合を想定、完済時年齢80歳	〈 元金+利息 〉 月々 49,658円
高齢者向け返済特例 保証あり (年0.92% 全期間固定金利)	〈 利息のみ 〉 月々 7,666円 (年間返済額 1,000万円×0.92%=9.2万円)
高齢者向け返済特例 保証なし (年2.68% 全期間固定金利)	〈 利息のみ 〉 月々 22,333円 (年間返済額 1,000万円×2.68%=26.8万円)

※上記返済額は平成31年3月現在の金利を基に算出しています。
※保証ありコースと保証なしコースを併用することはできません。

(出所：住宅金融支援機構)

図12 まちづくり融資（高齢者向け返済特例）の主な特徴

特徴2 **元金はお亡くなりになったときの一括返済となります。**

元金は借入申込人全員（連帯債務者を含む）が亡くなられたときに

相続人の方が ［ **現金一括** 又は **融資住宅及び敷地の売却** ］ **でご返済**

※繰上返済も可能です。
※相続人が返済されない場合[相続放棄等]
→ 保証機関又は住宅金融支援機構が融資住宅及び敷地の売却等により元金を回収

特徴3 **親族の方等に保証人を依頼するわずらわしさがありません。**

保証あり **(一財)高齢者住宅財団が連帯保証人になります。**

※保証ありコースの場合、別途、保証料(融資額の6.0%)、保証限度額設定料(30,000円+消費税)、保証事務手数料(70,000円+消費税)が必要です。

保証なし **保証は必要ありません。**

※保証なしコースの場合、保証料、保証限度額設定料、保証事務手数料は不要となりますが、保証ありコースに比べて金利が高い水準となります。

(出所：住宅金融支援機構)

図13 まちづくり融資（高齢者向け返済特例）の主な融資条件等

コース	保証あり	保証なし
融資の対象となる住宅	「まちづくり融資（短期事業資金）」の対象事業により供給される住宅 ※事業計画決定後に、事業要件等に適合することを住宅金融支援機構にて確認します。	
お申込みいただける方	以下のすべてにあてはまる方 ・借入申込時に満60歳以上の方（年齢の上限はありません） ・ご自身が居住する住宅を購入する方 ・日本国籍の方、永住許可を受けている方又は特別永住者 ※借入申込時に満60歳以上の同居する親族の方を連帯債務者とすることができます。（申込ご本人が先にお亡くなりになった場合でも、連帯債務者の方が月々の返済を継続することで、元金を一括返済せずに住み続けることができます）	
総返済負担率	年収に占めるすべての借入れ（本融資の借入額を含みます）の年間合計返済額の割合が次の基準を満たしていること 年収400万円未満の場合 ： 30%以下 年収400万円以上の場合 ： 35%以下 本融資の返済額のほか、本融資以外の住宅ローン、自動車ローン、教育ローン、カードローン等の返済額の合計 返済額 年収 30%または35%以下	

コース	保証あり	保証なし
融資限度額	次の①、②、③のうち、最も低い額（100万円以上10万円単位）	
	① 購入に当たり負担する額（清算金等） ※申込人及び連帯債務者の持分までしか借入れができません。	
	②（一財）高齢者住宅財団が設定する保証限度額（従後価額（※1）×50%）	②機構による担保評価額（従後価額（※1）×60%）
	③ 2,000万円	③ 5,000万円
	保証あり ②保証限度額＝従後価額×50% 保証なし ②保証限度額＝従後価額×60% ①＝清算金 従前価額 従後価額（※1）（清算金＋従前価額（※2）） ※1 従後価額 ： 建替え後の住戸価額 ※2 従前価額 ： 建替え前の住戸価額	

コース	保証あり	保証なし
金利	0.92%（全期間固定金利） ※金利は毎月改定されます。 ※上記金利は平成31年3月現在 ※借入れ申込時の金利が適用されます。	2.68%（全期間固定金利） ※金利は3カ月ごとに改定されます。 ※上記金利は平成31年3月現在 ※借入れ申込時の金利が適用されます。
融資金の返済方法	・毎月の返済は利息のみ ・借入金の元金は、申込人全員がお亡くなりになったときに一括して返済	
	融資住宅および敷地の売却等によりご返済いただいた場合で残債務があるときは、残債務について相続人の方に請求します。	融資住宅および敷地の売却によりご返済いただいた場合で残債務があるときは、残債務について相続人の方に請求しません。
保証	（一財）高齢者住宅財団	保証は不要
抵当権	建物と土地に住宅金融支援機構の第一順位の抵当権を設定	

（出所：住宅金融支援機構）

それぞれ融資金利や融資の限度額が異なっていますので注意が必要です。

また、借入金の元金は、申込人全員が亡くなったときに融資住宅および敷地を売却または相続人の自己資金等により返済するのは共通ですが、それでも借入れの残高が残った際に、保証ありコースでは、相続人に残元金に返済いただくのに対し、保証なしコースでは残元金に対し相続人への請求は行いません（図13）。

まちづくり融資の融資実績

前半で述べたように、これまでに建替え事業が完了に至ったマンションは全国でも250件にも達していません。2007年度以降では、120件程度となっています。一方で、住宅金融支援機構がまちづくり融資（短期事業資金及び高齢者向け返済特例）で関わったマンション建替え事業は、2007年度以降だけで45件になり、これは、4割近いマンション建替えにおいてまちづくり融資が活用されているということになります（図14）。

マンションの建替えを検討する際は、これまで紹介した住宅金融支援機構のまちづくり融資の利用も検討してはいかがでしょうか。

図14 まちづくり融資の全国の融資実績

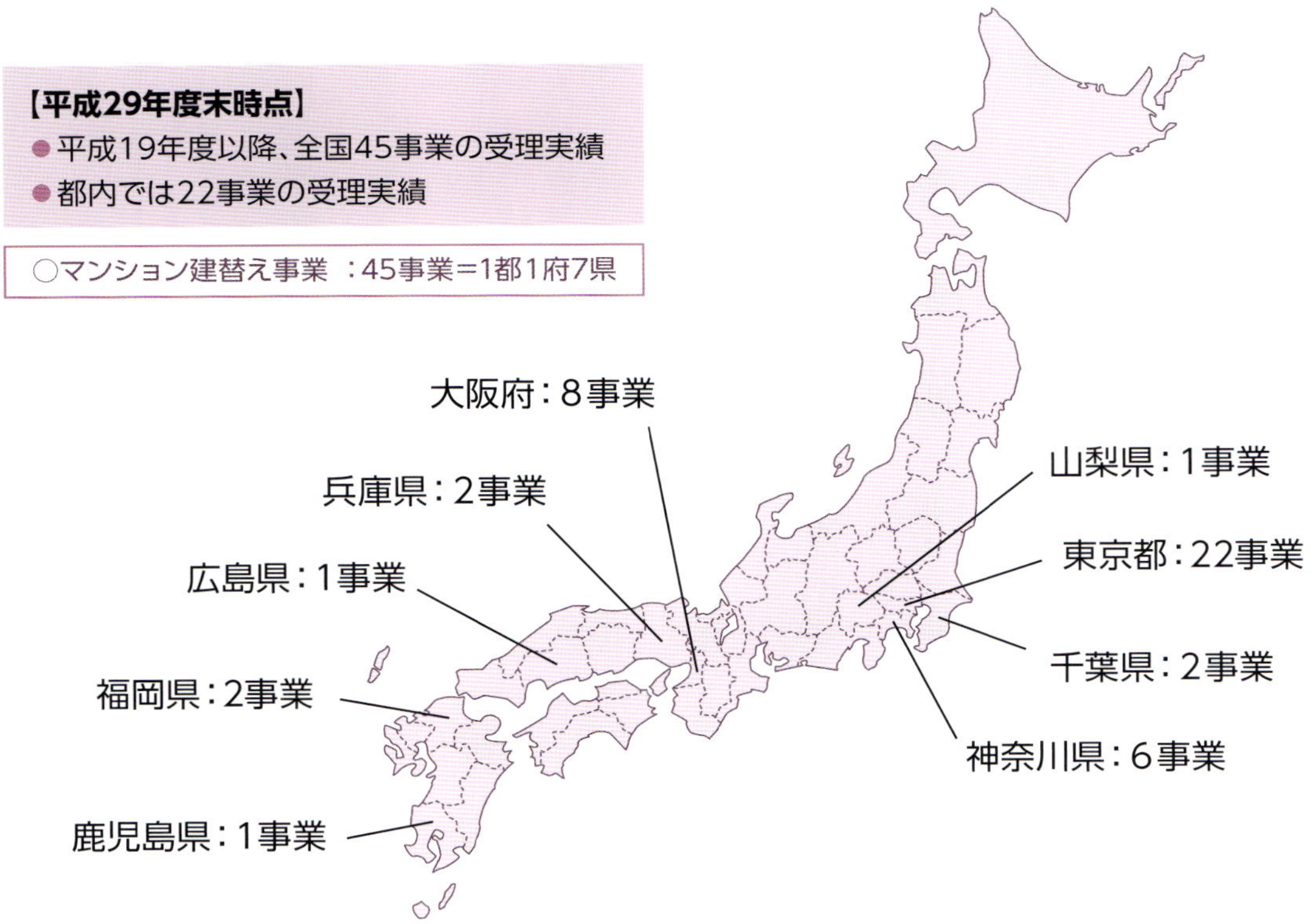

（出所：住宅金融支援機構）

建替え事例を踏まえた
マンション建替えの合意形成のポイント

株式会社環境企画設計　代表取締役　堀口 浩一

マンション建替えに関する法整備の経緯とマンション建替え事業の現状

1995年に発生した阪神・淡路大震災における被災マンションの再建を図る中で、マンション建替えの合意形成の難しさが顕在化しました。これを契機に、国土交通省では法整備に向け1997年度から5年間の年月をかけ研究を重ね、2002年に「マンションの建替えの円滑化等に関する法律」（以下「円滑化法」）を制定しました。

この法整備により以下の点が改善され、マンション建替えの合意形成の難しさは多少なりとも緩和されました。

①管理組合が計画立案主体になれることが明確化

管理組合はマンションの維持・管理が主業務であり、建替えを検討する組織ではないという検討段階入口での無用な議論がなくなりました。

②旧区分所有法上の建替え決議の不明確さが改善

旧「建物の区分所有等に関する法律」（以下「区分所有法」）においては、5分の4以上の多数で建替え決議を行える条件として、「修繕・改修に過分の費用がかかること」とされていたため、この「過分の費用」の解釈について争いが起き、場合によっては法廷での争いとなっていました。

③団地における建替え決議の方法が明確化

④事業主体である建替組合に法人格が与えられる

法整備前の建替組合は任意団体であるため、事業資金の借入れや工事の発注ができず、事業主体になれませんでした。

従って、デベロッパーとの等価交換契約に基づき事業を実施していたため、自己の所有していた権利は事業期間中はデベロッパーに移管され、権利の保全は契約書のみで非常に不安定でした。

⑤権利変換手法が導入され、事業期間中の権利の保全が図られる

市街地再開発事業と同様に、権利変換手法が取られたため、自己の権利は途切れることなく保証されることとなりました。

これらの結果により、マンション建替えの実績は法整備前の約2倍の速度で進捗しています。

それでも、2017年4月時点でのマンション建替えの実績は、累計で232件、約18，600戸に過ぎず、耐震性に問題のある可能性が高い旧耐震基準に基づき建設されたマンション総数の2%にも満たないものとなっています。

さらに、2014年に円滑化法が改正され、耐震性が低いマンションに関しては、5分の4以上の賛成によりマンションおよびその敷地を処分することができるようになりましたが、この制度を活用した事例は非常に少ないのが現状です。

以上のようにマンション建替えに関する法律は着々と整備されていますが、マンションが置かれている状況は千差万別で、その合意形成に当たっては物件ごとに最適な方法を選択することが重要です。

マンションのタイプ別建替え事例と事業の特徴

私が携わってきたマンション建替えについて、その概要と合意形成に当たっての留意点を以下に整理します。

①深谷第三住宅（大阪府豊中市）

タイプ

・団地の一括建替え

事業の概要

・千里中央駅徒歩6分
・従前戸数　3棟58戸
・従後戸数　2棟105戸
・建替え決議　2008年5月

賛成　57名（98・3％）
反対　1名（催告により参加）

・組合設立　2009年2月
・竣工入居　2012年11月

事業の特徴

豊中市における円滑化法によるマンション建替え第1号です。

区分所有者は主体性を持ちたいと円滑化法の利用を希望しましたが、事業協力者候補の一部には等価交換事業を主張する社もありました（市が円滑化法の利用を認めないとの判断があった模様）。

建替え委員会はオープンなものとし、ご夫婦での参加も多くみられました。

理事会と建替組合の関係も非常に良好で、両者が同一の歩調で事業を進めました。

深谷第三住宅　建替え後

弱者救済の観点から1階部分の評価を抑え、高齢者の優先入居ゾーンを設定しました。

建設工事中に起きたリーマンショックの影響により販売価格を見直し、権利変換計画も変更しました。

②ローレルハイツ神戸1号棟（兵庫県神戸市兵庫区）

タイプ

・団地の部分建替え

事業の概要

・JR神戸線兵庫駅徒歩3分
・敷地内に2棟のマンション

1号棟　302戸（建替え）
2号棟　58戸（復旧）

・震災復興総合設計制度を活用
・優良建築物等整備事業の補助金を利用
・兵庫県住宅供給公社による事業代行
・事業期間　1995～1999年

事業の特徴

阪神・淡路大震災による被災マンションで、基準容積率300％であるのに対し400％の容積を消化している既存不適格マンションでした。

1号棟は1階部分がピロティ状の駐車場であったため全壊、2号棟は通常の形態であったために半壊の判定を受け、1号棟を建替え、2号棟は復旧により再建しました。

円滑化法制定前であったため、団地の部分建替えの規定がなかったので、1号棟は建替え決議、2号棟は復旧決議を棟ごとで行い、敷地の利用の変更に関する決議（4分の3以上）は全体で行うことにより事業を実施しました。

結果的には円滑化法の部分建替え決議と同じ同意率による決議となりました。

被災マンションの多くがローレルハイツ神戸と同様の既存不適格マンションであったことから、国土交通省に情報を上げ、震災復興総合設計制度の創設により現状規模の床面積での再建を達成しました。

被災直後のアンケート調査では建替え意向が40％に対して復旧意向が60％でしたが、具体的計画を示した4月末の説明会開催後は建替え意向が60％と復旧意向を逆転

ローレルハイツ神戸1号棟
建替え後

し、7月の小グループ説明会（30戸単位12班に分割した説明会）後には80％を超える賛同率を得ました。

計画が具体化するに従い、建替え同意率は上がり、建替え決議時には91・7％の同意率で可決しました。

建替え委員会は毎週土曜日の夜7時から開催されていましたが、委員全員が揃うのは夜9時などということも日常茶飯事でした。

この委員会には委員の奥様も参加し、委員会での打ち合わせ内容を理解した上で昼間に区分所有者に説明して回るなど、女性陣の活躍が素晴らしかったことを記憶しています。

③A団地（東京都）

タイプ

・保留敷地処分型

事業の概要

・東京郊外の９００戸の団地
・最寄り駅からバスで10分の位置に立地
・元々一団地の住宅施設の都市計画により、建ぺい率20％、容積率50％に規制
・敷地を権利者街区、分譲街区、複合街区に3分割し、権利者街区以外は事業協力者に保留敷地として処分

事業の特徴

最寄り駅からバスで10分という立地のため、現状では必ずしもマンション適地とは言えない状況です。

元々が大規模団地であることから地区全体をマンションとした場合には供給過多となり処分が難しいので、一部土地利用の変更を図ることで対処しました。

複合街区には商業施設、医療施設、教育施設等地区の活性化につながる施設を誘致します。

このためには用途地域の変更が必要になります（第1種中高層住居専用地域から第1種住居地域）。

権利者街区および分譲街区についても地区計画の変更により建ぺい率60％、容積率２００％に変更します。

敷地を3分割し、分譲街区および複合街区を保留敷地とすることで、権利者街区のマンションの竣工までこの街区での居住の継続が可能となり、仮住居の負担が軽減されるメリットも得られます。

また、権利者街区は何棟かの建物で構成されることになるので、建築計画立案の際に奥行きを調整することで区分所有者の要望に合わせた広さの住居を作ることが容易になると思われます。

④セントラル美竹マンション（東京都渋谷区）

タイプ

・同一敷地、同一用途での建替え
・参加組合員が存在しない建替え

事業の概要

・渋谷駅徒歩6分
・従前戸数　40戸
・従後戸数　60戸
・建替え決議　２０１１年10月

> 賛成 18名（81・8％）
> 反対 2名、棄権 2名（催告により参加）

・組合設立　２０１３年1月
・竣工入居　２０１５年7月

事業の特徴

従前マンションの権利形態は借地権付きマンションでしたが、従後は完全所有権のマンションに変更しました。

借地権マンションの場合、底地権は権利変換の対象とならないため、一般的には建替組合が底地権を買い取った上で所有権マンションとして権利変換するのが通常です。

しかし、当該事業では底地権者が保留床取得者となるため、この方法では自己の所有するマンションの底地権部分についても一度売却し、保留床として買い戻すことになるため、不要な譲渡所得税と不動産取得税を支払うことになります。これを回避するため、当該事業においては、底地権を事前に借地権者に売却し、従前資産を所有権マンションとした上で権利変換を行うことにしました。

当該マンションは規模が小さく新規に増える住戸数が少ないためデベロッパーの参加が見込めませんでした。このことから、従前の土地所有者で従前マンションの過半の部屋を所有していた元地主が保留床取得者となって事業を成立させました。

また、デベロッパーが参加していない事業であったため、事業期間中の資金は、都市銀行からの融資は受けられず、住宅金融支援機構から資金調達することにより事業を実施しました。

区分所有者が少ないマンションでは一票が重くなります。当該マンションも小規模であり、非賛成者が5名存在すると建替え決議は成立しない状況にありましたが、建替え決議時には非賛成者4名と、ぎりぎりでの可決となりました。

このような小規模マンションでは票読みが非常に重要で、区分所有者全員との個別面談が功を奏したと言えます。

セントラル美竹マンション建替え後

⑤府中セントラルハイツ（東京都府中市）

タイプ

・用途混在型マンション

事業の概要

・京王線府中駅至近
・従前戸数　53戸（うち店舗16区画）
・従後戸数　113戸（うち店舗14区画）
・建替え決議・2014年1月

賛成　49名（90・7％）
反対　4名、棄権　1名（催告により全員参加）

・組合設立　2015年1月
・竣工引渡し　2018年3月

事業の特徴

従前マンションの約3分の1にあたる16区画が店舗用途に供されているのがこのマンションの最大の特徴です。

このことによって、通常の単一用途のマンション建替えとは異なるさまざまな課題が発生しました。

マンション建替えの場合、仮住居費用などの補償は出さないのが一般的です。これは、補償費を支払えばその分床価格を上げざるを得ず、一方、仮住まいの必要がない区分所有者にとっては、補償費は一時所得として課税されることになり、必ずしも補償費の支払いが有利な方向に働くわけではないからです。

しかし、店舗経営者にとっては仮営業しなければ生活の維持ができず、補償費も支払い賃料とし経費処理できることから、補償費を出すことを希望しました。

本事業ではこの要望を受け入れ仮店舗補償費を支払うこととしましたが、当然のこととして公平の原則から、仮住居補償費も同時に支払いました。

本件は、事業期間中に建設物価が高騰し、コンペ時に提案された変換率が守れない事態が発生し、区分所有者は約束を守れと強く求めましたが、企業側も赤字を押してまでも事業の遂行はできないと説明し、両者が歩み寄ることで決着しました。

本件にも高齢の単身者が存在し、従前評価額を超えた従後資産の取得は難しかったため、特別に従前資産に見合った面積の住戸を用意することで問題を解決しました。

また、団地の集会室などでよく見られますが、区分所有者全員の名義で登記されている単独の建物について売買の際に名義変更をしていない、いわゆる名義残りが本件でも管理室棟に存在していました。この問題に対しては司法書士の粘り強い追跡調査により、最終的には所有権を本来の名義人に移転し解決しました。

府中セントラルハイツ建替え後

⑥宮益坂ビルディング（東京都渋谷区）

タイプ

・用途混在型マンション

・商業・業務地区での建替え

事業の概要

・渋谷駅徒歩2分

・従前戸数　住宅70戸、店舗7区画、事務所37区画、事務所35区画

・従後戸数　住宅152戸、店舗・

・建替え決議　2012年3月

賛成　76名（91・6％）
反対　4名、棄権　3名（催告により参加）

・組合設立　2013年8月

・竣工入居　2020年7月予定

宮益坂ビルディング建替え後イメージ図

事業の特徴

1953年に竣工した我が国初の分譲マンションであり、建替え決議時には築後約60年が経過しており、老朽化が著しく進んでいました。

JR・地下鉄渋谷駅至近の位置に立地しているため、従前マンションの用途も店舗、事務所、住宅が混在し、実態としては1階店舗を除きほとんどが事務所利用であり、居住者は1名という状況でした。

また、販売時の評価は低層階ほど評価が高く、住宅においても低層階の方が上層階より土地持分が多くなっていました。事業実施直前に底地を東京都から買取ったため、このことが顕在化して一時はもめましたが、繁栄する街もあれば衰退する街もあり、評価は時代を反映するものであるということをじっくりと説明し、最終的には納得してもらいました。

建替えの検討に長い年月がかかっている物件にはよくあることですが、本件では過去の人間関係のもつれを背景にして建替え決議無効の訴訟を起こされました。結果的に裁判は最高裁まで争われましたが、幸いにして組合側の勝訴で結審しました。

⑦シャトー三田（東京都港区）

タイプ

・隣接施行敷地を取り込み、総合設計を活用した事例

事業の概要

・都営地下鉄大江戸線赤羽橋駅徒歩6分

・従前戸数　95戸、店舗2区画

・従後戸数　254戸

・建替え決議　2010年7月

賛成　92名（98・9％）
棄権　1名（売渡し請求）

・組合設立　2011年6月

・竣工入居　2014年12月

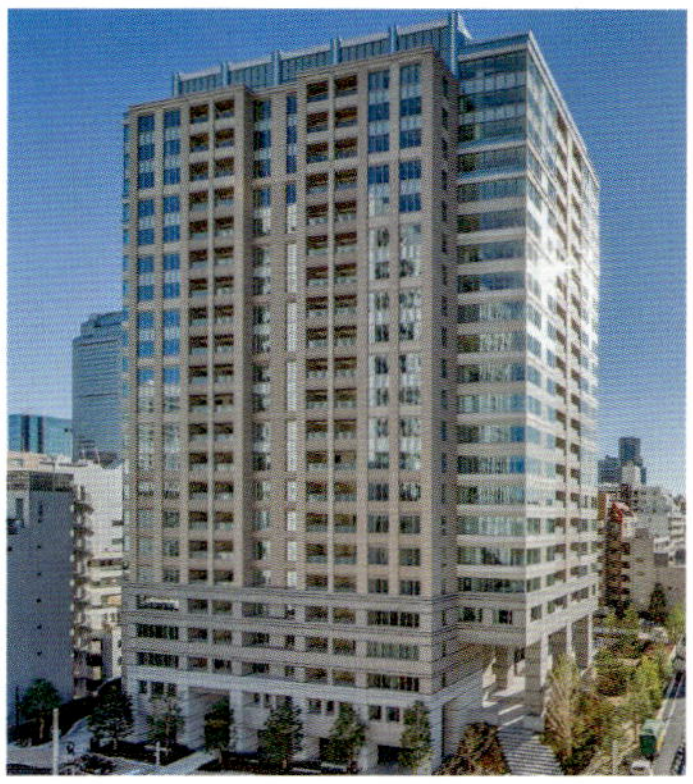

シャトー三田
建替え後

事業の特徴

エントランスホールなどの共用部が販売会社名義となっていたため、この会社の持分が20％に達していました。よって、弁護士に委託して正常化のための修正を行うことから始めました。

また、土地の名義についても旧区分所有法に基づいているため、建物と土地の名義が一致していませんでした。これも弁護士に協力を求めることで正常な状態に戻しました。

隣接施行敷地の導入に当たっては賛否両論ありましたが、最終的には現状敷地での建替え決議を前提に事業協力者が隣地を購入し、隣地を含めた建替え決議を再度行うことで決着しました。

⑧Bマンション（東京都千代田区）

タイプ

・敷地売却制度を活用

事業の概要

・従前戸数　住宅30戸、事務所3区画

・計画戸数　34戸（別敷地）

・権利者住戸　10戸、他は賃貸

・要除却認定　2016年1月

・買受計画認定　2016年2月
・敷地売却決議　2016年4月

賛成　26名（83・9％）
反対　6名

・組合設立　2016年9月
・分配金取得計画認可　2017年1月
・権利消滅期日　2017年10月
・解散認可　2018年2月

事業の特徴

本件は、同一敷地で再建した場合には現状面積の確保がやっとで、建設費は全額区分所有者の負担となってしまうため、隣地所有者を買受人とした敷地売却制度を活用しました。

この地に残りたい区分所有者に対しては近隣に代替マンションを建設し優先分譲しました。

権利者が優先分譲を受けた以外の住戸については買受者が所有して賃貸運用しています。

買受者は当初、全員同意の任意事業を望んでいましたが、法にのっとり粛々と進められる円滑化法の活用を勧め、敷地売却制度を活用することになりました。

分配金取得計画認可と権利消滅期日の間があいているのは、当初から借家人との賃貸借契約の解消を円満に進めることを家主に勧め、定期借家契約か合意解約契約を結ぶよう指導し、借家人が存在しなくなった日を権利消滅期日に設定したことによるものです。

代替マンションへの入居者は権利消滅期日以降代替マンション完成までの間は買受者より提供を受けて従前マンションに居住を続けました。

事業期間としては区分所有者の基本合意を得るのに2年弱の期間となりましたが、その後は迅速に進み、借家権の解消期間および代替マンションの完成を待つ期間を含め約2年で事業の完了をみました。

事例を踏まえたマンション建替えの合意形成のポイント

① 組織の運営と合意形成

(1) 良好な人間関係の構築

合意形成の長期化を防ぐためには良好な人間関係の構築が重要になります。

通常の管理組合活動における意見の対立などから、人間関係のもつれが発生したことに起因して建替え計画の検討の中で派閥抗争が発生することが多く見られます。

このようなことにならないよう、数の力で抑え込むようなことはせず、相手の主張をよく聞く努力が必要です。

ある地区では、ゼネコンの立場の会社を事業協力者として導入しましたが、一部の人たちが、ゼネコン選定の際は価格競争をさせて選ぶべきではないかとの異論を唱え、建替え自体には賛成でありながら、事業の進め方に対する意見の違いにより主流派と反主流派に分かれ、その両派の間に確執が発生したという事例もあります。

このケースにおいても、事前に意見調整を十分に行っておけば避けられた可能性は高いと思われます。

(2) 組織のオープンな運営が疑心暗鬼をなくす

一般的に建替えについて考え始めるのは、大規模修繕を何回か実施していくうちに、その都度の費用負担が大きくなっていくことを実感し、今後のことを考えて建替えの検討を開始する事例が多く見られます。

この場合、このような問題意識を持ったメンバーが任意で勉強会を組織し、建替えに関する情報を集めて意見交換することから初期の検討は始まります。すると、往々にして検討の方向はマンション建替えに特化しやすくなります。

このようにマンション再生の検討が建替えありきの方向に進み過ぎると、これをよしとしない区分所有者との間に軋轢が生まれ、後々まで尾を引くことになるので注意が必要です。

このような観点から、検討組織の設立に当たっては、区分所有者に広く声掛けをすることでさまざまな立場の方に参加してもらうようにし、多様な意見の吸収に心掛ける必要があります。

また、組織の運営に当たっては、組織に参加していない区分所有者に対しても会議は公開とし、誰もが参加でき、自由に話し合えるようなオープンな運営とすることが重要です。

このことによって一部の興味のある人間がやっていることで自分には関係ないといった誤解が解けることになります。

計画の立案に当たってはコーディネーターや事業協力者など外部

の専門家の導入が必要となりますが、専門家の選定に当たっては手続きを透明性、公開性のあるものとする必要があります。

(3)的確な区分所有者の要望把握と情報の共有化

現状マンションに対する不満や再建マンションに対する期待などについて、アンケート調査の実施や時にはワークショップを開催するなどして的確に区分所有者の要望を把握し、再建計画に反映することが重要です。

この観点から、設計者もコーディネーターや事業協力者とともに、ワークショップや区分所有者の建替え検討組織（以下「検討組織」）に積極的に参加し、区分所有者の生の声を聴く必要があります。マンション建替えに不慣れな設計事務所は建替え事業であることを忘れ、デベロッパーである事業協力者の指示で動けばよいと勘違いしている会社もあるので、選定に当たっては注意が必要です。

検討組織で議論した内容や検討結果については全区分所有者に広く周知徹底し情報を共有化しておくことが重要で、間違っても聞いていないというようなことのないように注意してください。

建替え決議に向けた段階では説明会、個別面談などを密に行い、個別の事情にできる限り対応する努力をしてください。

(4)非賛成者への対応は慎重に

非賛成者には全く会えない方と会うことはできるが非賛成であることを明確にする方とがいます。

会えない方には折に触れ連絡を入れたり、その方の知り合いを通じて連絡したりするなど、話をする機会を得られるように行動を起こすことが必要です。

また、会うことはできるが非賛成の方については、お会いして検討結果などを説明することになりますが、あまり無理な説得はせず、賛成できない理由について何が根本的な原因なのかを探りながら、できる限り良好な関係を保てるように注意してください。

② 瑕疵のない事業の遂行と合意形成

(1)再建マンションの建替え計画案作成上の留意点

再建マンションの配置、外観、共用部については現状マンションに対する思い入れなどによって区分所有者の意向は大きく違ってきます。従って、早い段階でワークショップなどにより、現状マンションの残すべき点、改善すべき点を明確にしておき、設計に反映することが重要です。

また、区分所有者が所有を希望する部屋の位置および面積に関しても、希望との合致性が高いほど合意形成は容易になるので、アンケートや個別面談で十分に把握しておく必要があります。ただし、マンションの柱は上下階で同一位置になければなりませんので、どのような要望にも応えられるわけではありません。従って、区分所有者も多少の柔軟性を持たねば合意形成は難しくなります。

このように意向の把握は早い段階から行いますが、住戸選定手続きは建替え決議が成立し、建替事業への参加者が確定した後行う必要があるので注意してください。

(2)資金計画作成上の留意点

資金計画作成上、最も重要なことは予備費を計上した余裕のある計画とすることです。

区分所有者の興味を引こうと甘めの資金計画を立てることは、それが達成できなかった場合の責めはその時の役員に向けられるということを肝に銘じてください。

この安全率の掛け方に関しては事業が初期の段階であればあるほど大きめにしておくべきで、事業が進捗するに応じて確定した数字は確定値として入れ替えていきます。事業支出の中で最も大きいのは建設工事費で、この契約が結ばれれば、支出金の額についてはほぼ確定するでしょう。

(3)権利変換計画作成上の留意点

権利変換とは、区分所有者が建替え前のマンションに持つ権利を再建マンションの権利に移行することを言います。

この場合、建替え前のマンションの権利額が再建マンションの権利額より少ないときは、足りない額を支払い（負担金という）床を買い増す必要が出てきます。

また、建替え前の権利額で取得できる再建マンションの床面積が建替え前のマンションの床面積の何%にあたるのかを示した数値を変換率（または還元率）と言います。建替え前と建替え後が同じ面積であれば、変換率100%と言います。

これが実現できれば、仮住居費

用の負担は別として、負担金なしで新築マンションが取得できるので、合意率は非常に高くなります。しかし、これが達成できたのは過去の不動産バブルの時代で、近年では相当恵まれた地区でない限り達成できる地区は少なくなっています。

権利変換計画段階における合意形成上の留意点は、区分所有者の意向に沿った再建マンションの部屋をいかに用意できるかにかかっているので、建替え計画案と資金計画案を区分所有者の要望に合致させることにあります。そのためには度重なる個別面談が必要になります。

(4) 社会経済条件の変動に対する対応

マンション建替え事業は、合意形成という過程を経ることから、計画立案時から事業実施時までの期間が長期化するのが一般的です。

事業が長期化すると事業性の指標となる販売価格や事業費のほとんどを占める建設工事費も大きく変動する事態も発生します。このような事態に直面したときによく見る光景が、コンペのときに約束したではないかとの態度です。それはそれで交渉術としては良いかもしれませんが、本当に採算割れとなればデベロッパーは撤退する可能性もあります。コーディネーターは販売価格や建設物価については常に押さえており、相手の要望が適正か否かは判断できますので、コーディネーターと相談しながら冷静な対応が必要です。

マンション建替え事業は立場も異なり価値観も異なる方が協働して事業を遂行しなければなりません。

マンション建替え事業を考えている方は十分な議論を経て、立派な事業を成し遂げてください。

還元率15%での全員同意によるマンション建替事業

横浜市住宅供給公社

はじめに

横浜市は、市内の住宅戸数（約158万戸）のうち約61%を共同住宅が占める都市であり、築45年を超える住宅が毎年1万戸以上増加していく状況となっています。しかしながら、立地条件や高齢化、容積率に余裕がないといった背景からマンション建替えの合意形成は難しく、横浜市内で建替えが行われたマンションは本件を含めて4件といまだ少ない状況です（杭未達によるマンション建替えを除く）。

本建替事業では、横浜市住宅供給公社（以下「公社」）が取り組む「暮らし再生プロジェクト※1」のコンセプトをもとに、2012年より修繕・耐震化・建替えを比較検討しながら建替えの検討を進めてきました。

耐震性不足や将来を考え、維持保全にかかる費用を負担し続けるよりも、自己負担をしてでも建替えることを組合員が決断し、一般的に還元率が80%以上でないと建替え合意を得ることが難しいと言われる中、本件は還元率15%で建替え決議が承認されました（決議時には非賛成者が2名いたものの、催告により2名とも建替組合へ参加し、組合員全員の同意により建替事業を実施）。

2018年3月に設立された本建替事業の建替組合は、優良建築物等整備事業（マンション建替えタイプ）に基づく横浜市マンション建替促進事業や、建替え検討の初期段階から融資を受けられる住宅金融支援機構の制度も活用しながら、2018年9月に権利変換計画の認可を受け、2020年夏頃の竣工を目指して建替事業を進めています。

多岐にわたる課題

施行マンションの下之前住宅（神奈川県横浜市南区）は、1968年に公社が分譲した住戸数16戸の典型的な小規模マンション（1階は事務所）です（建物概要は表4、図6参照）。

このマンションでは、分譲当初

※1 暮らし再生プロジェクト

より良い暮らし、より明るい未来のための横浜市住宅供給公社のまち（団地・マンション）再生プロジェクトです。高経年マンションが増加している時代において、団地やマンションを修繕・建替えするだけでなく、そこに住む住民が主体となり、人と人との関わりや、キズナを大切にし、地域コミュニティーの活性化や発展を考え、「みんなの暮らし」をより良くしていこうというプロジェクトです。

から建替え決議が行われるまでの約50年間、清掃などの一部業務を除き、自主管理にて管理組合の運営が行われてきました。しかし、専門的な知識を持ち合わせている組合員は少なく、建替え決議が行われる約20年前に大規模修繕を行ったあとは、大きな修繕・改修は行われず、不具合が生じるたびに、その個所を修繕するといった状況でした。

また、旧耐震基準で建設された建物であるため、耐震性能についての調査が必要とされていたほか、エレベーターが設置されていないことによる課題や1階部分にあった事務所が分譲当初より管理組合に属しておらず、管理費や修繕積立金を徴収してこなかったといった課題がありました。

さらに、検討を始めた時点の組合員の平均年齢は70歳超え（図1）と高齢化が進んでいた上に、空き家（倉庫代わりに利用している住戸を含む）が約20％（図2）になってきているなど、建物の将来について考える時期にきていました（表1）。

そのような状況もあって、当時の管理組合の理事が公社で開催していた「マンション・団地再生セ

図2 従前使用形態

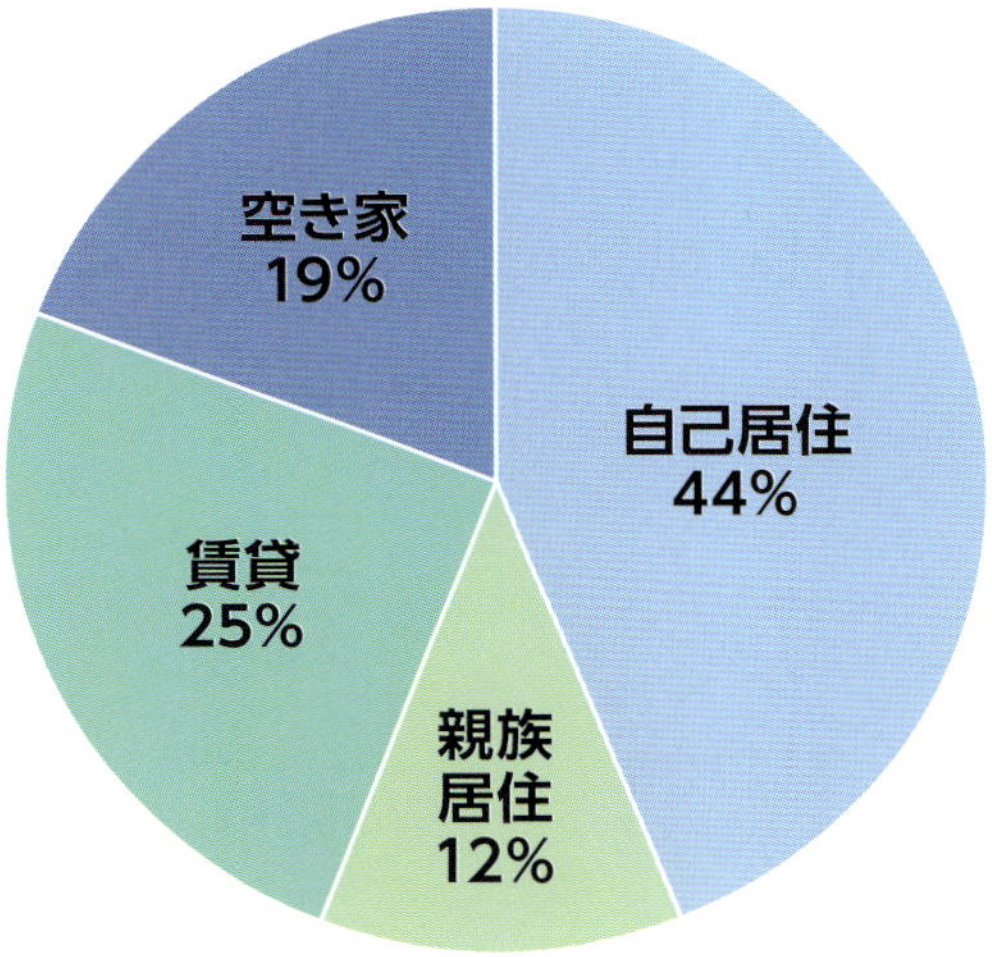

図1 検討を始めた当初の年齢構成

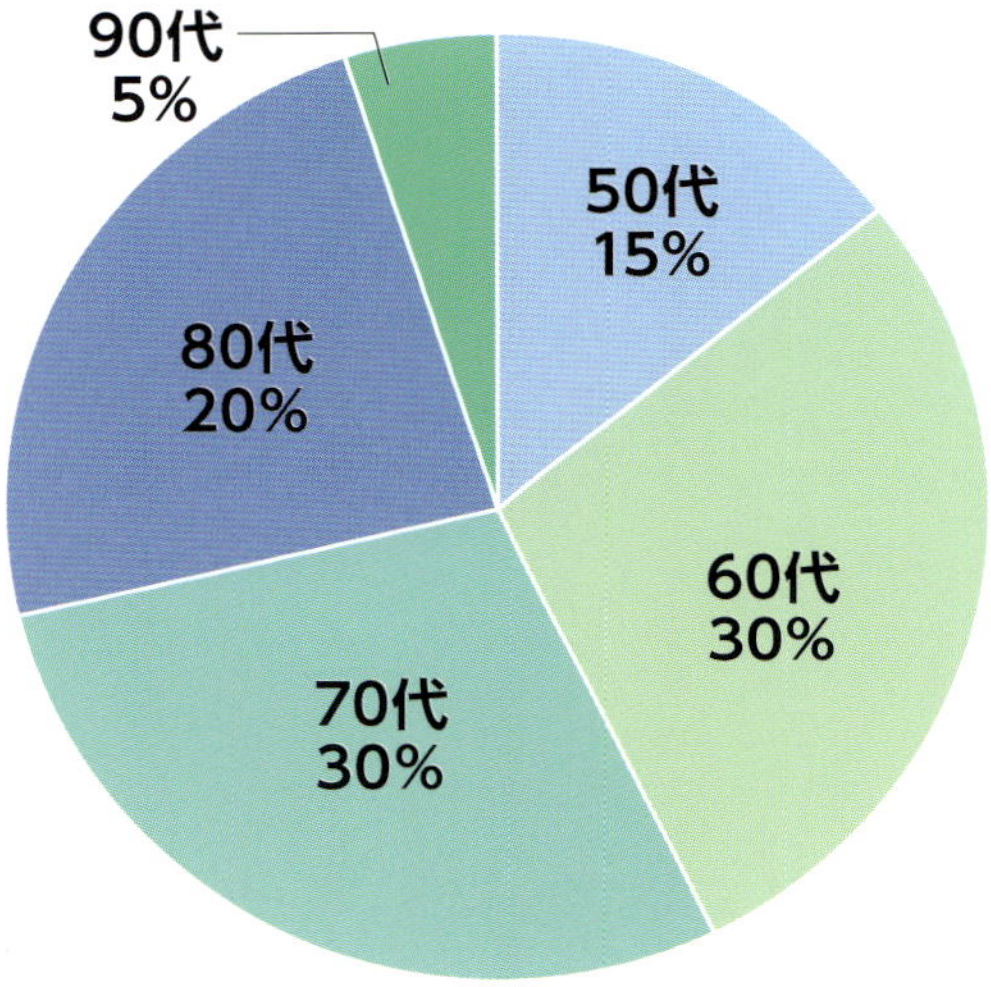

表1 検討当時の主な課題

定期的な大規模修繕が行われてきていない（長期修繕計画がない）
旧耐震基準のため、耐震性能に不安がある
エレベーターが未設置のため、バリアフリーになっていない
管理規約が分譲当初から変わっていない（1階事務所が管理組合に属していない）
組合員の高齢化が進んできた

ミナー」へ参加し、さらに公社の職員が現地に出向いて組合員向けにセミナーを行う「出前講座」の利用もあった縁から、2012年に下之前住宅の検討コンサルタント業務を将来委託され、建物の将来について一緒に考えていくことになりました。

比較検討による住民主体での再生検討

修繕・耐震化・建替えを比較しながら再生検討を推進していくため、検討の初期段階では、次の3点を整理しました。

①耐震性能の確認

耐震性能を確かめるために行った耐震診断（2次診断法）の結果、建物の耐震性能の目安となる構造耐震指標（Is値）の最小値が約0・4であり、震度6〜7程度の規模の地震があった場合、「倒壊、又は崩壊する危険性がある」建物であることが判明しました。

②建物の劣化状況の確認

約20年間、大規模修繕を行ってこなかったため、外壁のクラックから専有部分に雨漏りが発生する漏水事故もあり、外壁塗装工事や設備の更新、耐震改修工事も含めた長期修繕計画を改めて作り直したところ、修繕積立金が大幅に不足することが判明しました。

③管理規約の見直し

当時の管理規約は、分譲当初から大きく変わっておらず、将来的に再生手法を決議（特別決議や建替え決議など）するための規約改正が必要であったほか、1階事務所との修繕積立金の精算、議決権持分の整理、代表議決権者の特定のため、管理規約の改正を行いました。

そして、住民が主体となった再生検討を進めるため、ワークショップ（図3、図4）や個別相談会を実施し、参加できない方には透明性・公平性が図られるよう、常に配布資料や当日の様子をまとめた資料を配布するなどの情報発信に努めました。また、組合員が高齢のため自己判断できない場合は、そのご家族の方へも説明を行い、さまざまな視点から将来的に資産をどのようにするかといった生活再建プランを考え、必要であれば借家人の権利調整、生前贈与や名義変更の手続きについてもサポートしていきました。

図3 第3回暮らしに関するワークショップ（2014年8月）

図4 第6回暮らしに関するワークショップ（2014年11月）

そして、組合員の年齢構成は、全体の75％が60歳以上の高齢の単身者または夫婦世帯であり、再生検討を進める中では、身体機能の低下などにより説明会に参加できなくなった方も出てきていたことや、耐震性能の不足、高経年マンションであることを理由に、多くの組合員は将来性や資産性を考慮し、これ以上修繕費などのランニングコストをかけられないと考え始めていました。

しかし、2015年4月に行った第1回再生方針決議において、「耐震改修（修繕含む）」と「建替え」を比較し、今後どちらで詳細な検討を進めていくかということについて投票を行ったところ、意見が分かれました。「耐震改修（修繕含む）」を希望された分譲当初よりお住まいの方の中には、途中から入居されてきた方（特にバブル期に購入された方）を気遣い、建替えは難しいと考える方もいるなど、同じ建物で長年生活を共にしてきたからこそその住民同士の気配りも垣間見えました（表2）。

さらには、一部組合員からコンサルタント費用の捻出に関しての理解が得られなくなり、一時再生検討が中断することもありました。このときには「このまま再生の検討を止めてしまって良いのか」、ということを改めて住民たちが考え始め、自主的に懇談会や勉強会などを開催したこともあり、「耐震改修（修繕含む）」か「建替え」のいずれかを判断する時期にきているということを改めて認識し合い、引き続き当公社が検討のサポートをしていくことになりました（表2）。

表2 第1回再生方針決議での主な意見

建替えたくない理由	分譲当初より高い値段で中古購入されている方に「申し訳ない」
	家族会議を行っていないため、ライフプランが定まらない
	引越しを含めて何もしたくない
	単純に建替え反対
	コンサルタント費用がもったいない
対応	耐震改修（修繕含む）を希望される方の意見を尊重しつつ、建物劣化状況の説明や修繕していく場合の修繕積立金の増額の必要性、ご家族も含めた意見交換や住民主体の懇談会・勉強会の開催により、徐々に気持ちが変化

還元率15%で建替え決議が成立した背景

第2回再生方針決議に向けて検討する中では、「足が悪くなった」、「認知症になった」、「施設に入所した」など、住民の健康状態やライフスタイルの変化も起こってきました。そこで、高齢者ご本人だけでの検討には限界が生じることもあり、ご家族との個別面談も重要となっていました。

そして、それぞれの再生手法のメリット・デメリットも踏まえ、2016年4月に行った第2回再生方針決議にて、約80%の組合員が今後「建替え」による再生手法にて詳細検討していくことを決断し、いわゆる建替え推進決議が承認されることとなりました。

推進決議後、下之前住宅管理組合は、建替事業における事業性が低く、民間デベロッパーの参加が困難であると判断し、公的団体であり、長年住民の方々と顔を合わせ、信頼関係を築いてきた当公社に事業協力者としての参画を要請しました。

その後は、地盤調査や測量などの建替え計画に必要な調査を行い、基本設計や事業計画を作成し、具体的な計画や自己負担額などについて組合員一人一人に提示しながら検討を進め、還元率15%という条件の中、2017年3月に建物の区分所有等に関する法律（以下「区分所有法」）第62条に基づく建替え決議が可決されました（表3）。

建替え検討の経緯について表3にまとめましたのでご参照ください。

この還元率15%という厳しい条件において建替え決議が成立した背景には、下之前住宅の中古流通状況にあったと考えます。

通常、マンション建替えにおける課題の1つに事業性の確保があげられ、ある程度まとまった土地やターミナル駅の駅前などの好立地かつ設計の工夫ができる物件でないと、事業性は非常に厳しいものになります。

横浜市内でのマンション建替えにおいても、建設費の高騰や容積率の関係から、自己負担額ゼロということはほとんど考えられず、郊外部においては事業協力者の参画が望めないといった地域も現実にはあります。

下之前住宅においても、駅徒歩8分という立地ではあるものの、主要駅ではなく、高さ制限を緩和するほどの敷地の余裕もないといった条件のため、決して事業性の高いものではありませんでした。

しかし、耐震性不足や大規模修繕が未実施であったため、「住宅ローン控除などの税制優遇が受けられない」、「内装リフォームや共用部の修繕にかかる費用が多額になる」といった条件により中古購入検討者が少なく、中古流通価格が低く設定され、ある仲介業者からは価格設定が難しいとまで回答

表3 建替え検討の経緯

時期		内容
2012年	準備段階	耐震性の不足、修繕積立金の不足、管理規約改正等の課題整理
2013年	比較検討段階	耐震診断にて「倒壊又は崩壊する危険性がある」建物と判定
2014年		「耐震改修(修繕含む)」と「建替え」の比較検討
2015年4月		第1回再生方針決議　耐震改修(修繕含む):建替え＝42%:58%
2015年10月		住民主体の懇談会・勉強会
2016年4月		第2回再生方針決議　80%が「建替え」を支持
2016年5月	実施検討段階	当公社へ事業協力の要請
2017年3月		区分所有法第62条に基づく建替え決議承認(88%)
2017年7月		区分所有法第63条第1項に基づく催告にて全員同意
2018年3月	実施段階	建替組合設立認可
2018年9月		権利変換計画認可
2018年11月		明渡し
2018年12月		施行マンション解体着工
2019年4月		施行再建マンション着工
2020年夏		施行再建マンション竣工(予定)

されることもあったことから、子や孫への相続、将来的な資産運用を考慮した場合、大規模修繕や耐震改修に投資するよりも建替えに賛同して従前の評価額を受け取り、別の住まいに移る方が費用対効果の高い選択であると判断した組合員や、空き家が増え続けスラム化してしまう可能性のある建物をこのまま残してはいけないと判断した組合員が多くいたことが、建替えを推進する大きな要因となりました。

つまり、還元率や修繕・耐震化・建替えにおける単純な自己負担額の比較だけでなく、投資効率も検証し、10～20年先を見越した比較検討が重要となってくるのではないかということです。

ただし、建替えにおいては、特に高齢者の方々にとっては、この先どのような環境で生活するのかなど、大きな不安を抱えることになりますので、そのようなサポート体制も合わせて考えていくことが非常に大切です。

また、この建替事業は、横浜市内で初めて「横浜市マンション建替促進事業」を活用した建替事業です。横浜市では、国の優良建築物等整備事業を活用しながら、耐震性などが不足する高経年マンションであり、自己負担が生じるマンション建替事業に対し、調査設計費や建物の除却費用、共用部等の整備費用の一部を補助する制度が2018年度より開始されています。補助額には上限金額が設定されているものもあり(土地整備費:補助対象費の3分の2以内かつ2,000万円を上限、共同施設整備費:補助対象費の3分の2以内かつ戸当たり100万円を上限)、還元率が劇的に良くなるといったものではありませんが、行政からのサポートも受けながら、建替事業が進行しています。

おわりに

横浜市は2019年をピークに人口減少社会に突入します。高度経済成長期に建設したマンション・団地は、建物の老朽化、住民の少子高齢化、災害への備え、そしてスラム化による建物の陳腐化や空き家問題など、多くの課題が山積しています。これらの課題に対応していくため、地域特性に合わせた「郊外住宅団地の再生」、「管理不全マンションへの対応」、「既

表4 下之前住宅　建物概要

	建替え前	建替え後(計画)
所在地	神奈川県横浜市南区	
戸数	住戸16戸、事務所	住戸30戸
敷地面積	718.07㎡	
延床面積	1,438.31㎡	2,769.31㎡
構造・規模	鉄筋コンクリート造 地上5階建て	鉄筋コンクリート造 地上7階建て
竣工	1968年(建築後50年)	2020年夏予定

図6 従前建物の外観

図5 外観完成予想図

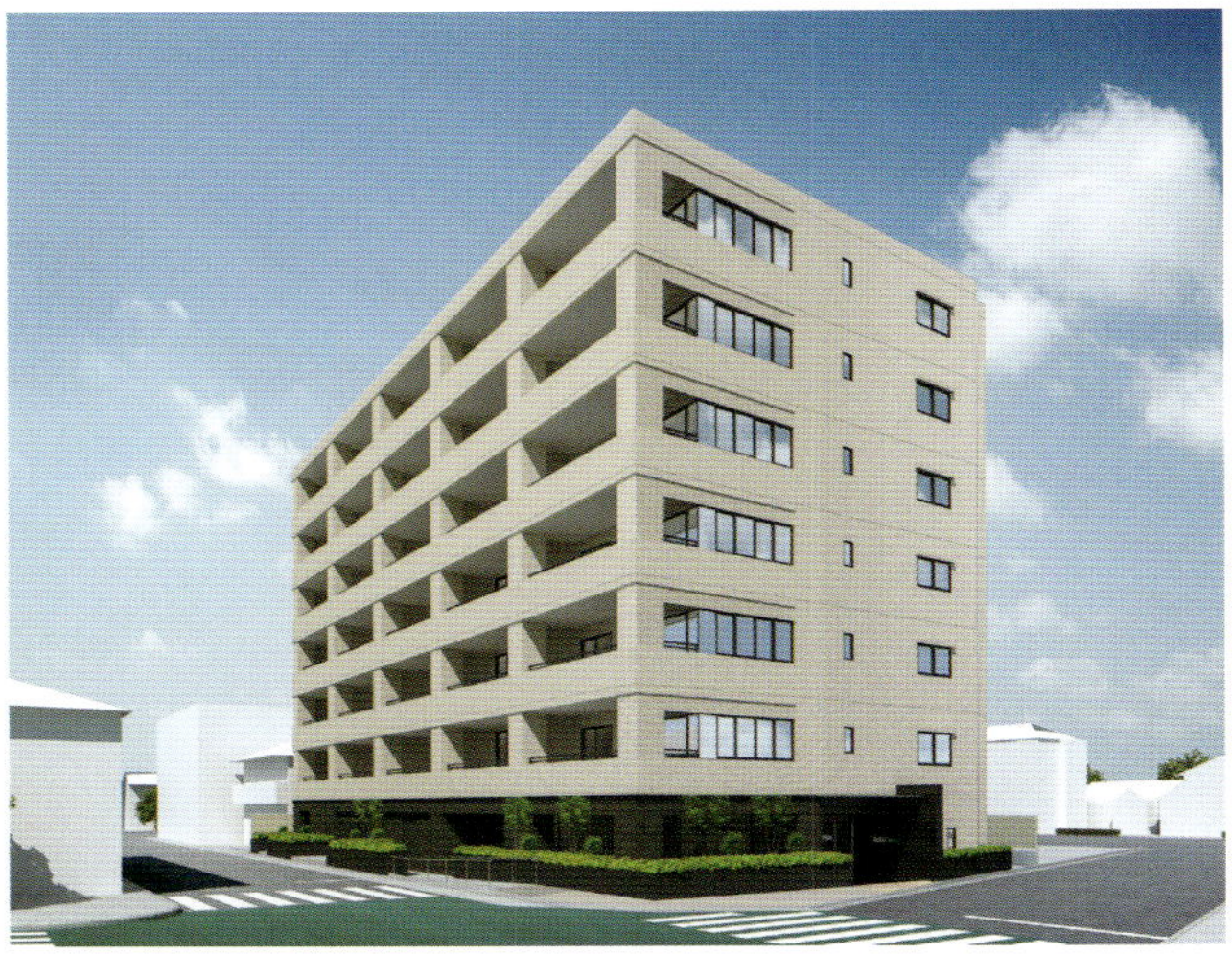

存不適格マンションへの対応」、「耐震性不足マンションへの対応」、「タウンマネジメント」などに取り組んでいかなければなりません。

今回の建替えにおいては、まさに将来的に管理不全、もしくはスラム化する可能性のあったマンションが再生されることになり、権利者やそのご家族を含めた方々の将来設計、そして、周辺地域の良好な市街地形成に寄与する社会的意義のある取り組みになるのではないかと考えています。

この小規模な建替事業が、今後増え続ける高経年マンションの再生検討において、有効な事例となることを期待しています。

住宅団地の現状と新しい団地再生の方向性について

株式会社鳩ノ森コンサルティング　代表取締役　山田 尚之

老朽化した団地の現状と課題

①限界集落化しつつある団地

都心から1時間足らず、首都圏のベッドタウンと呼ばれたエリアには、1970年前後に分譲された数百戸規模の団地が数多く点在しています。かつては団地内に子供たちの声が響き渡り、ベランダにはカラフルな洗濯物がはためいていたに違いありません。そんな団地も今では、日中でも人影は極端に少なく、たまにすれ違うのは高齢者か介護事業者の送迎車で、団地内の児童公園でも子供の姿を見ることはめったにありません。

日本が経済成長の只中にあった1970年前後、郊外団地は都心に通勤するサラリーマン層のマイホームとして公団・公社によって大量に建設・供給されました。それから約半世紀が経ち、これらの団地の多くが建物の老朽化と人口減少・高齢化の同時進行する中で、進むべき方向性を定められない中時間が止まったまま立ちすくんでいるように見えます。

インフラの老朽化と住民の急激な高齢化、空き家の増加など過疎化の中で、時間が静止した空間は「限界集落」※1そのものです。今、団地の未来に向けて、その再生を考えることは、私たちの社会に刻々と迫り来る未来を考えることに他ならないのではないでしょうか。

> ※1 限界集落　65歳以上の高齢者が集落人口の半数を超え、冠婚葬祭や田畑、生活道路の管理など、社会的な共同生活の維持が困難な状況にある集落のこと。機能を失った集落は消滅に向かい、2040年までに全国の約1，800市町村のうち、その約半数である896の自治体が消滅する恐れがあるとの調査結果もある（「日本創生会議2014年調査」）。

②老朽化した団地が抱える課題

全国の住宅団地約5，000（約200万戸）のうち、すでに300近い団地が築45年を超え、10年後には5倍の1，500団地に迫るとされています。この中には、エレベーターのない階段室型のもの、耐震性能が現在の基準を満たさないものも数多く含まれています（図1）。

この住まいを文字通り「終（つい）のすみか」とするには、何らかの再生が必要です。しかし、実際に建替えが実現した事例は、単棟マンションも含めても200事例程度に過ぎません。現行の建替え制度の延長線上で老朽化した団地をすべて建替えることは不可能です。

では、なぜ団地再生が遅々として進まないのでしょう。突き詰めれば、①区分所有者の高齢化、②区分所有者の多様化、③単身者の増加によって、区分所有者の集団としての合意形成が飛躍的に難しくなったからではないでしょうか。まずはその実情を見てみましょう。

③団地に起こりつつあること

図2は千葉県のある団地で過去16年間に起こった居住者状況の変化です。高齢化率はすでに50%を超え、いわゆる「限界集落」となっています。団地での人口の動態変化は日本全体での変化と相似しています。

分譲当時30~40代であったファミリー世帯の子供たちが成長し、やがて独立して団地を巣立つ時期が来ると、世帯人数も団地全体の居住者数も急速に減少します。出生者がない中で高齢化はますます進み、死亡者も増え、人口は減少の一途をたどります。

図1 建替え前の状況

段差、階段

5階建て階段室型。エレベーター設置なし

図2 A団地(210戸)における16年間の居住者の推移

		総移住者数(世帯人数)	単身高齢者数(65歳以上)	高齢化率	賃貸化率	空家率
築30年	1999(H11)	532人(÷195戸=2.7人)	6人	約20%(65歳以上。所有者か居住者か不明)		13戸(65%)
	2003(H15)	3割減	5.6倍	倍増		倍増
	2009(H21)				43戸(約20%)	13戸(65%)
築42年	2011(H23)			50.7%(70歳以上。内住・所有者)		
築46年	2015(H27)	383人(÷201戸=1.9人)	34人(内男性9人)	48.1%(65歳以上。内住・所有者)	53戸(約25%)	23戸(約11%)
		居住者数 世帯人数の減少	単身高齢者の増加	高齢化	賃貸化・空家化	

1999年当時はまだ平均2・7人であった世帯人数が、子供の独立やその後の親世代の死亡などにより15年後には平均1・9人と2人を割っている状態です。その結果、1桁の人数であった単身高齢者が現在では34人と急増しています。

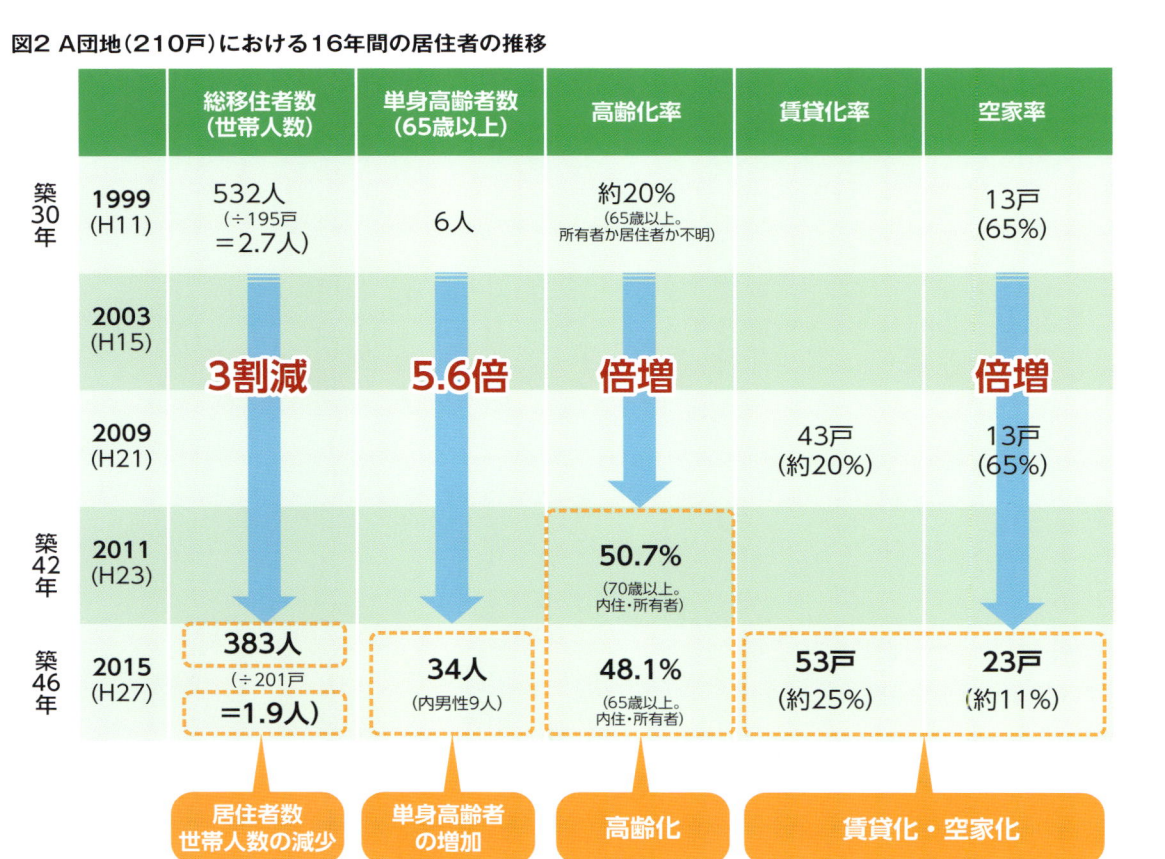

図3 入居者時期別年齢階層（諏訪2丁目住宅）

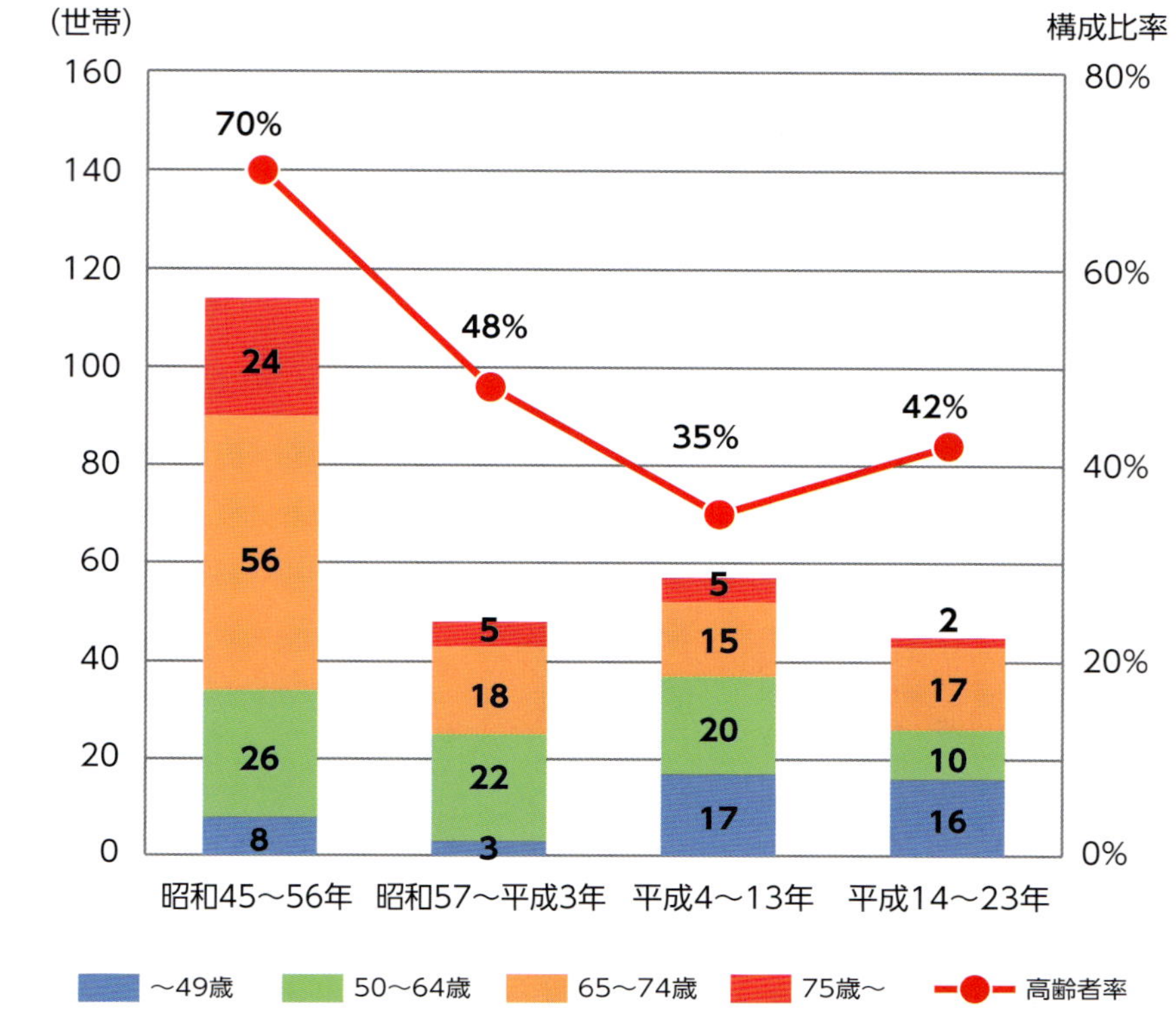

（1）団地内の高齢化は外部からの高齢者の流入で加速度的に進む

高齢者は、経済的負担や環境変化を伴う建替えには積極的になれないことが多く、高経年団地での急激な高齢化は建替えの合意形成を難しくしています。

このような高齢化は、入居者が団地に住み続けて高齢に至っているだけが要因ではありません。むしろ、近年は老朽化して価格が下落した郊外団地に都心部などから高齢者が移住するケースが増え、これにより団地内の高齢化が加速度的に進んでいるのです。団地内での高齢化を考えるに当たっては、この点にも十分に注意を払っておくことが必要です。

図3は「諏訪2丁目住宅」※2の所有者を入居時期別に年齢階層で区分したグラフです（決議時点での年齢で区分）。築後年数が進むほど取得者の年齢層は上がり、2002年からの10年間では入居者の42％が入居時点ですでに50歳を超えていました。これは他の団地でも同じような傾向が見られます。

比較的価格が安い郊外型の高経年団地は、すでに多くの高齢者やその予備軍にとって終のすみかであり、高齢化や単身化が進むにしたがってその傾向は更に強まるものと予想されます。

このような現実を踏まえれば、団地再生は単なる新築マンションへの建替えではなく、高齢者にとっての生活の場の再生という視点が不可欠だと思われます。

> ※2 **諏訪2丁目住宅**　東京都多摩市にあった1971年旧日本住宅公団により分譲された5階建て23棟640戸の団地。2010年に団地一括建替え決議が成立し、マンション建替え等の円滑化に関する法律により組合施行で事業化し、7棟11～14階建て全1249戸の住宅に建替え。2013年竣工。

（2）同質性の低下による関係の希薄化

70年代前後に分譲された公社・公団系の団地では、新規分譲時には厳格な取得資格が定められていたため、分譲当時の住戸取得者の年齢、階層、家族構成、収入などの同質性が比較的高く、集団としてのまとまり（凝集性）も高かったものと想定されます。

その後70年代の高度成長期からバブル期を経て、上述のように比較的年齢の高い層の入居も進み、所有者も大きく入れ替わります。その間、社会経済環境や価値観も大きく変化します。その結果、当初の均質的な集団から多様性の高い集団に変化します。

同質性の低下は社会全体の傾向であり、どの団地でも見られるものの、当初からの居住者の占める割合や多様化の傾向はそれぞれの団地で異なります。合意形成の過程では意向調査や面談から把握したこれらの情報も参考にしたいところです。

（3）単身者の増加

高齢化の帰結として単身者が増加します。表1は諏訪2丁目住宅での家族人数をもともとの所有者と新たな取得者とで比較したものです。

建替組合の構成員であるもとも

との所有者の単身割合は34・3%であり、都内のマンション居住世帯に占める単独世帯割合46%（良質なマンションストックの形成促進計画2016年による）に比べるとまだ低いものの、今後は急激な高齢化の進行で割合も高まるものと想像されます。

高齢者、中でも単身者が建替えに対して消極的になるのはやむを得ないことです。高齢者ほど情報を収集する能力が低くなると言われ、団地内にあっても多くの単身者は既存の団地内コミュニティーから距離を置いているケースが多く、情報を収集する機会や動機が弱いものです。また、一般的に高齢者は周囲への関心も低く、情報も入り難いため消極化が更に進むという悪循環に陥りやすいのです。

表1 新旧の家族人数比較（諏訪2丁目住宅）

家族人数	建替組合	新規購入
1人	34.3%	10.8%
2人	39.4%	36.9%
3人	15.9%	31.4%
4人	6.1%	18.5%
5人	4.3%	1.8%
6人	—	0.6%

私が関わったいくつかの団地建替えでも売渡請求の対象となった反対者の多くは高齢者であり、その大半は単身の方でした。

単身の高齢者が増えていく中で、団地内での互いの意思疎通の機会が減ったり、範囲が狭くなっていることが、建替え問題を通じて具体的に顕在化したと捉えるべきかもしれません。

居住者の高齢化、団地内居住者の多様化や格差の拡大など同質性の低下、そして高齢単身者の急増は、老朽化した団地ばかりでなく、人口減少期に入った日本社会の宿命でもあると思われます。そのような中、建替えによってこそできる何かがあるのではないでしょうか。

団地再生にむけて今何をすべきか

10年後には1，500以上の団地が築45年を超えると言われる中、今できること、すべきことは管理組合が中心となって自分たちの団地の将来像とその中での生活を想定し、進むべき方向性を速やかに定めることです。確実なのは時間が経つほど現実的な選択肢は少なくなり、負のスパイラルから抜け出すことが難しくなるということです。

これに対して、国を含めた行政には、自分たちが主体的に再生を行おうという意欲をもった団地が自律的に再生を実現できるよう、その意欲を最大限に引き出すことができる制度や仕組みを整えることを望みます。これは火急の課題です。

まずは、いくつかの再生事例が生まれ、次に続く団地へと連鎖する状況をつくることです。建替えを実現した団地の経験が、制度づくりや再生を考える当事者のモチベーションに反映され、先行する事例を見学し、あるいは建替えを実際に経験した方々の話を聞くなどの体験を通じて、理想が現実的な目標へと変わるのです。

① 「なぜ建替えか」をもう一度考える

余剰容積を活用して（場合によっては総合設計などで容積割増を得て）容積いっぱいのマンションを建て、余剰住戸を処分してわずかな負担での建替えを行うこと、このマンション需要の増加を前提にした「建替え事業モデル」は、建築工事費の高騰やマンション市場の変化によって機能しなくなりつつあります（一部の事例を除く）。この10年で事業環境が大きく変わり、高齢化が進む郊外型団地での建替えが進まなくなった事業上の原因もここにあります。

オリンピック関連の工事需要が一段落すれば工事費は下がるとの予想もありましたが、今のところその兆しはありません。工事費の高騰は一過性のものというより、労働環境や人件費の高騰などに起因する構造的な問題で、当面下がる見込みはないという悲観論が優勢な状況です。

高齢化社会、そして人口減少社会が本格的に到来した今、新築マンションの需要を前提とした「負担なしでの建替え」モデルは忘れ、建替えには費用がかかるという当たり前の前提で「誰が何のために建替えるのか」ということをあらためて区分所有者間で共有しなければなりません。

ここ数年の工事費の高騰のもと

で、例えば建替え前と同程度（50㎡前後）の住戸を取得するには、少なくても1千万円から2千万円くらいの負担を伴うのが一般的になりつつあります。高齢者が半数を占める中で1千万円を超える負担が必要となると、経済的なメリットを理由に8割の合意を得ることは難しいと思われます。負担をしても建替える必要があると大多数の人が納得できるだけの明確な理由、合わせて合意に至るための丁寧なプロセスが求められることとなります。

何のために（高齢になってから）多くの負担をして（仮住居生活や2度の引越しをしてまで）建替えを行うのか、他の選択肢はないのか、両者を比較した場合にどうか。合意をつくり上げるにはこれまで以上にこのようなテーマについて、丁寧に時間をかけた説明や話し合いのプロセスが大切なのです。

さらに、個人の価値観や将来の生活設計、健康状態や家族関係などを総合的に考えながら、建替えが望ましいのか否か、問題の共有化や相互の信頼関係ができないと多数者の間での合意形成は困難です。合意形成の方法についても、団地の状況や区分所有者の特徴などをアンケートなどで把握し、より戦略的に、より緻密に検討を行うことが求められます。

まずは、それぞれの団地と区分所有者にとって、なぜ団地の建替えが必要であるのか、どのような理由、動機が共感を得られるのかを考えなくてはなりません。当然、まとめ役として経験のある専門家の関与がなければ、その検討も推進も難しくなります。

②高齢化・単身化が進む中で生活再建の手段として団地再生を考える

２０１８年に高齢化率は28%を超え、１００歳以上の人口も7万人となっています。一方で、毎年40万人以上の人口が減り続けるという少子高齢化社会がすでに到来しています。高齢者といえどもこれまでのように生活の支援を公的扶助（公助）ばかりに頼ることは難しく、病院や高齢者施設ではなく、自宅で介護や看護を受け、最期の時を迎えることを余儀なくされる可能性が高くなると予想されます。公助でも自助でもなく「住まい」を中心とした近所との緩やかなつながりや管理組合の組織が公助と自助の間を埋める社会の安全装置として機能すれば、私たちがこれからの社会での新しい集合住宅のあり方を考える大きなヒントになるのではないでしょうか。

「生活再建の手段としての団地再生」（図４）とは、団地再生を単に建物や設備の更新と捉えるのではなく、むしろ検討段階からの活動を通じ、ハードだけでなく共助の関係などコミュニティーの再生を伴う広い意味での生活再建として考えることです。

「生活再建」には、物理的な生活空間の改善や改良による安全な生活の実現と同時に、高齢化や身体の障害などによって今のままでは生活の継続が難しかった方々が、バリアフリー化や生活支援施設の併設あるいは共助の関係に支えられ、最後まで親しんだ住宅に住み続けられるソフト面での生活再建を含む意味があります。高齢者だけでなく若年者やファミリー層を含め、さまざまな世代が長く愛着をもって住み続けることができるよう多様な住戸タイプを組み合せた住戸計画や子育て世代の生活支援につながる施設計画が求められます。

これからの社会生活には、住まいを中心とした安心な生活をサポートする「共助」の仕組みが欠かせません。これまで「公」が公共事業や福祉事業として担ってきた分野（公助）を区分所有者の互助に根ざした「共助」として担うことができれば、建替え後の住まいは集住する価値をもった本当の意味での「終のすみか」になるのです。

資産の面からも、老朽化で価値が低下し、負の財産であったものが建替えを通じて個人の資産の組換えや見直しが行われ、眠っていた資産価値を顕在化させることができます。価値の高い住宅に生まれ変わることによって、建替え後の住戸を担保にリバースモゲージを設定し、資産を活用して日々の生活を豊かにすることも可能になるのです。

財政が逼迫し、少子高齢化が進む日本社会の中で、団地再生によって「公助」だけに頼らない自律的な共同体が「共助」の場として大きな可能性を持ち、資産価値の上昇が生活の基盤を支えることができれば、団地再生は単なる建設事業ではなく、区分所有者個々の生活再建を可能にする事業として位置づけられることになるのです。

③目指すべきは、多世代が住み、住替えが容易な、持続可能性の高い集合住宅

住まいにとっては「愛着」が大切です。団地再生を生活の場の再建と考えた時、多世代が住み、世代間交流を重ねながら、将来は家族構成の変化などに応じて住替えが容易にできる、つまりは、愛着をもって住み続けることができる持続可能性の高い集合住宅に生まれ変わることが重要です。

図5のグラフは諏訪2丁目住宅

図4 生活再建の手段としての団地再生

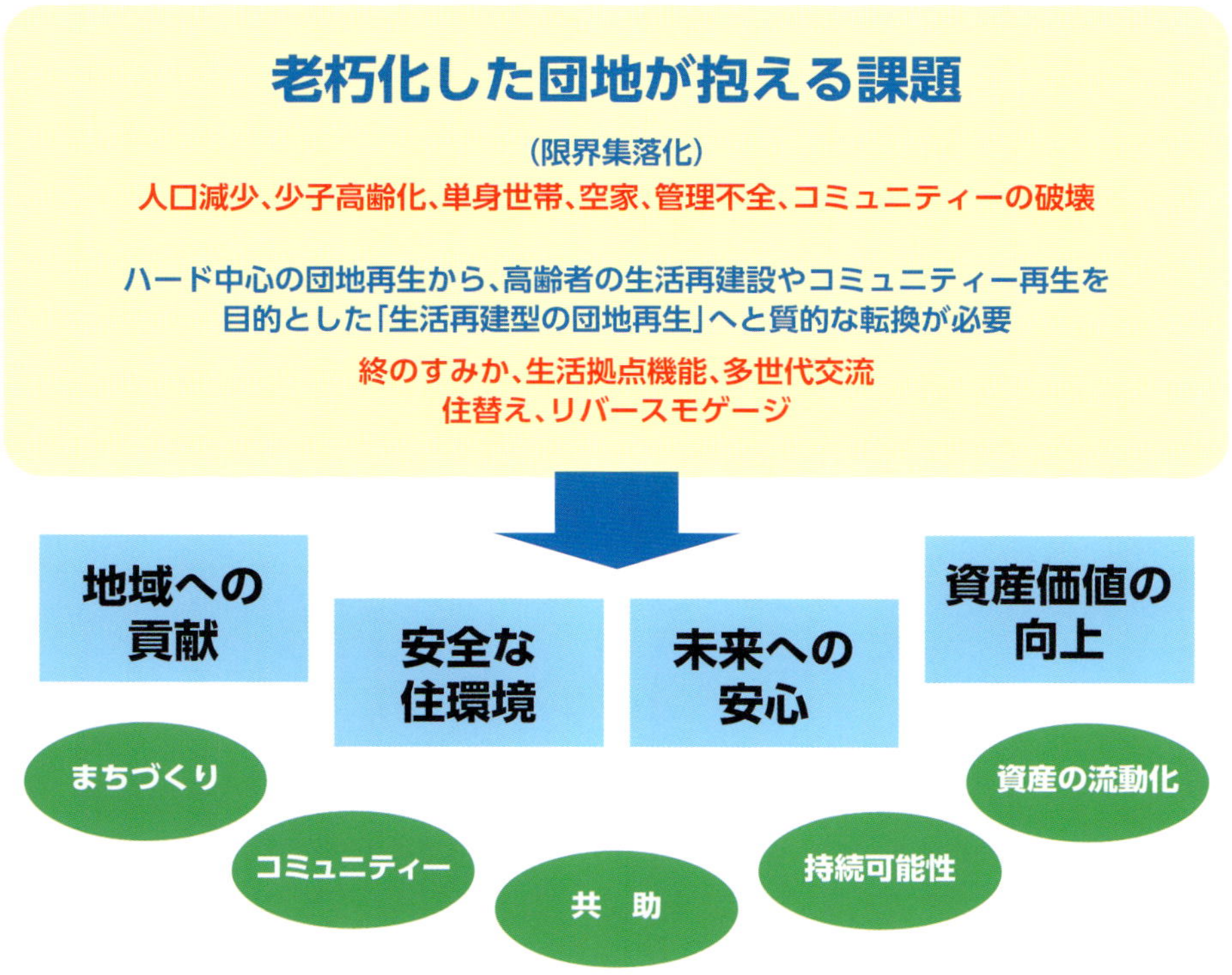

図5 建替え前後の年齢構成（諏訪2丁目住宅）

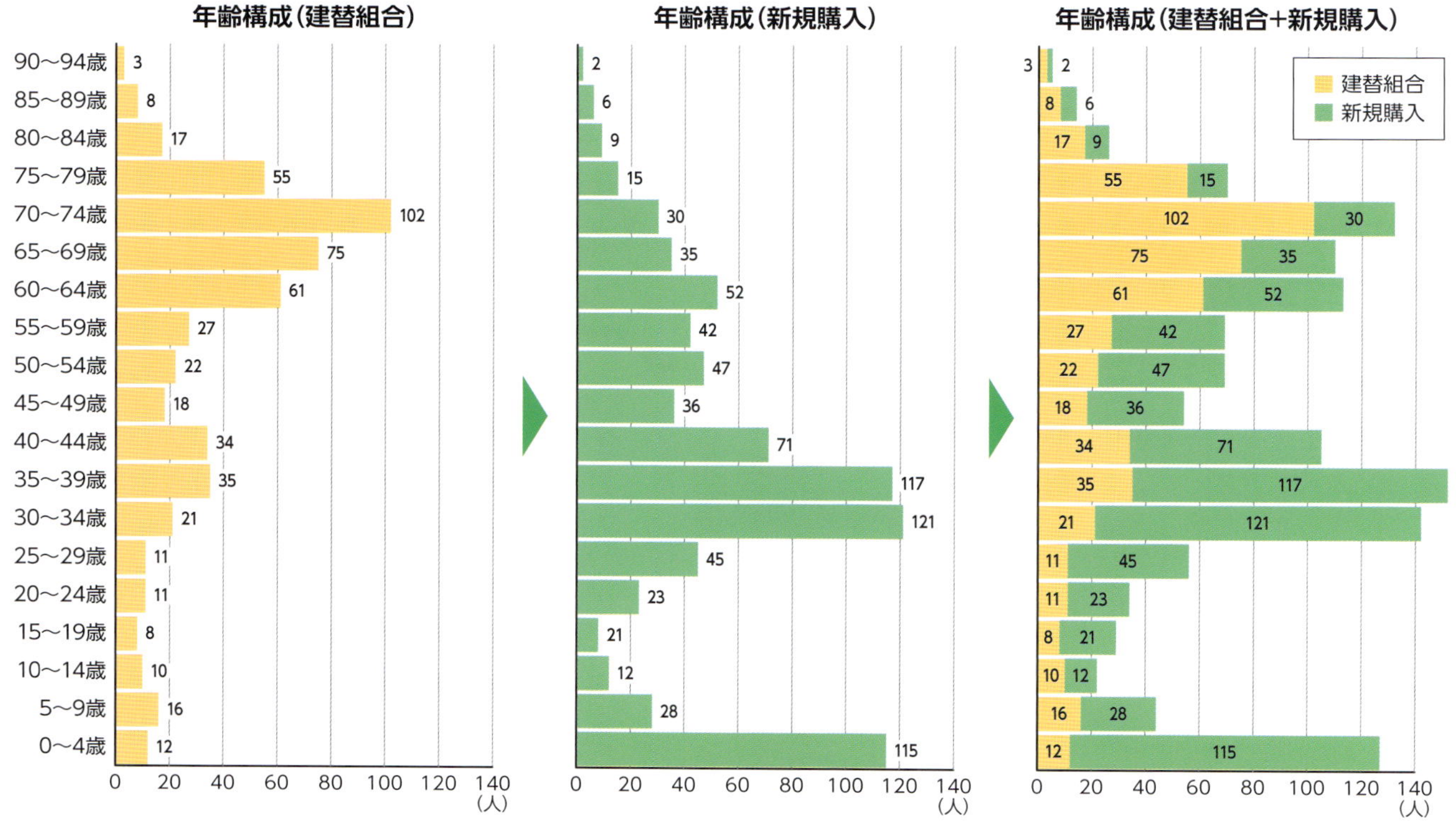

での建替え前後の居住者の年齢構成を表しています。建替え前は70歳代前半をピークとして60代、70代が大きなボリュームを占める高齢化の状況が見てとれます。これに対して、新規購入者とその家族の年齢構成は、30代をピークとしつつも20代から70代まで裾野は広く、比較的年齢層の高い新規購入者も相当数いることがわかります。そしてそのかなりの割合は近隣エリアからの購入者であるところに特徴があります。また、5歳未満の未就学児も非常に多くいます。建替え後は、この両者が一体化することでそれぞれの年齢構成の山型がバランス良く重なり、3つの年齢層のピークを見せるまさに多世代が混在する年齢構成を実現しています。

多世代混在によるメリットについては、役員などが若返ることで組織が活性化し、祭りやイベントの種類や参加者が大幅に増え、多くの子供たちの姿に団地内に活気が戻ってきたという声が多く見られます。多世代が住む住宅であることがコミュニティーの活性化にとって何よりも重要です。

このような多世代混在型の年齢構成もそのまま放置すれば、やがて高齢者が増え人口が減少するという循環に入り、建替え前と同様の状況になりかねません。よって、権利者の流動性を高め、長期間にわたって持続、継続させる仕組みが重要となります。

この点、建替え後の集合住宅では、単身世帯用の比較的小規模な住宅からファミリー向けの100㎡前後の住宅までさまざまなタイプの住戸が揃っているケースが多く、特に大規模な団地建替えでは顕著です。このような特徴を活かし、子供が成長して夫婦のみや単身世帯に変わったときに、ファミリータイプの住宅から小規模住宅に住み替えることで同じ集合住宅に住み続けられるとすれば、住民間の交流が深まると同時に、地域への愛着も高まり、集合住宅内のコミュニティーもより豊かなものになることが期待できるのです（図6）。

難しくなる合意形成をどのように進めるか

所有者の高齢化や区分所有者間の格差の拡大、単身世帯の増加などさまざまな要因から、多数者間

図6 生活再建型での団地再生のイメージ

高齢化社会・少子化社会に求められる新しい生活拠点の整備を目指す

現実には団地の規模や立地、区分所有者の年齢、家族構成などによって異なるが、大きな再生の方向性としては高齢化社会、少子化社会の中で周辺地域を含めた生活拠点としての機能を備える。

①多世代が生活しやすい住戸タイプがある
②単身者が住みやすい小型住宅やコレクティブ住宅がある
③生活を支援する施設や機能がある
④互いの生活を見守る緩やかなネットワーク

再生の方向性（地域の中での生活拠点を目指す）

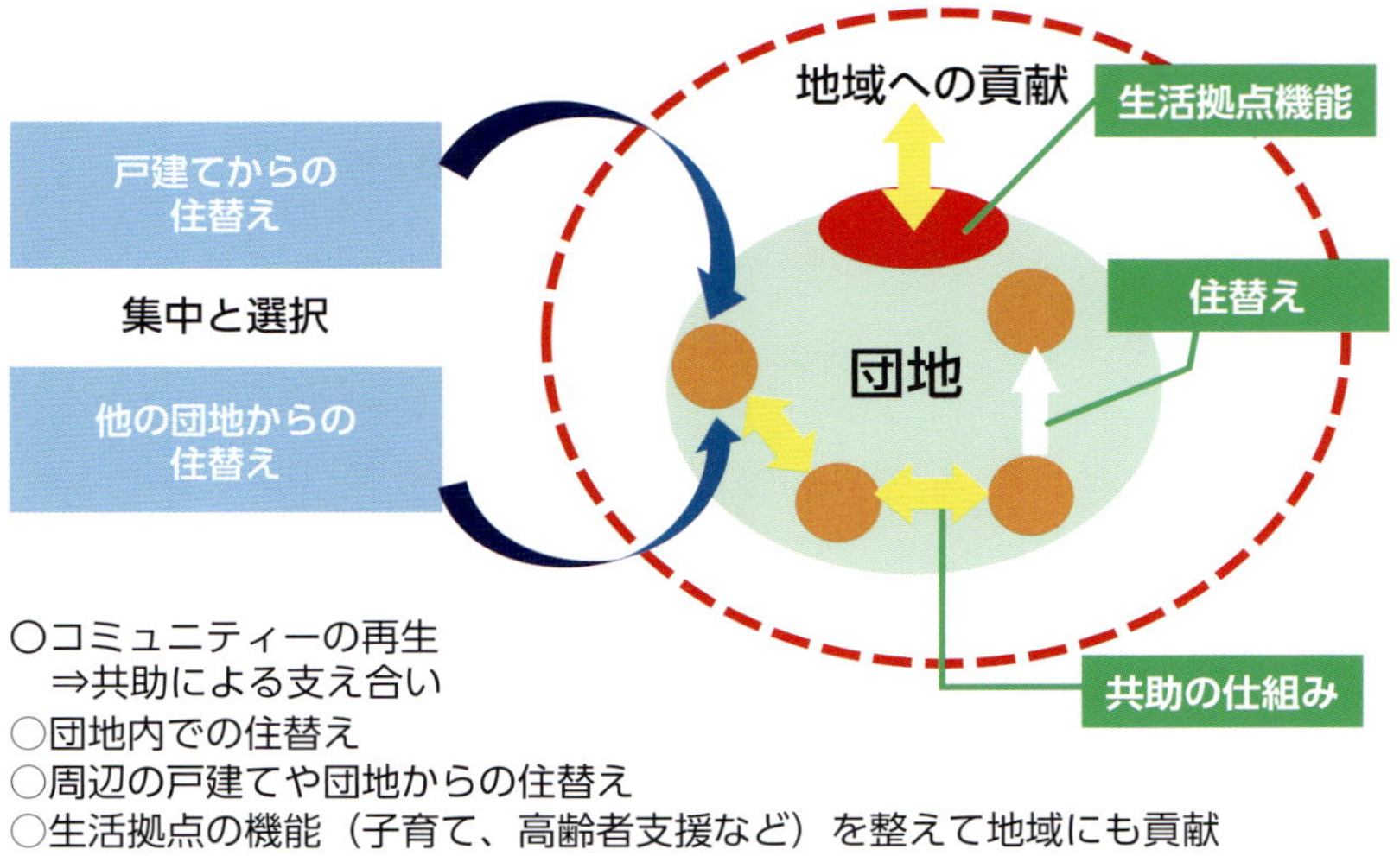

○コミュニティーの再生
⇒共助による支え合い
○団地内での住替え
○周辺の戸建てや団地からの住替え
○生活拠点の機能（子育て、高齢者支援など）を整えて地域にも貢献

の合意形成は量的にだけでなく、経済的な動機付けが働かないという点で質的にも格段に難しくなります。

　これに対して、どのように合意形成を見直したら良いか、あらためて考えてみます。

①管理組合と個人をつなぐ「中間組織」と「場」の重要性

　数百戸を超える団地での合意形成を考える上で、管理組合と各区分所有者の間をつなぐ存在として「中間組織」と「場」というものを意識した組織づくりや運営が大切です。

　「中間組織」とは、組合と個々の組合員の間に存在して、一定の信頼関係を基礎に個人間の相互認識を支える役割を持つ組織です。専門委員会のようにオフィシャルな組織もあれば、自然発生的なグループや別の目的でつくられたサークルなどの場合もあります。

　このような組織とメンバーが、いわば通訳のような役割を果たすことで、建替えの必要性や事業の仕組み、計画の内容などについての理解が進み、あるいは生活環境が大きく変化することへの漠然とした不安などが軽減される効果が発揮されます。団地の中のさまざまな組織やネットワークを洗い出し、このような中間組織の存在を発見し活用することは、合意形成を進める上で非常に重要です。

　中間組織の存在とあわせて、集団の内部で合意をつくっていくための装置として「場」という概念があります。多くの人が時間と空間を共有し、その中で他者の存在を認識し、互いの意見を知る機会と空間がここでいう「場」です。情報や関係を煮詰め、変化を促すための器や鍋のようなもので、さまざまな会議体や説明会、ワークショップや茶話会などがそれぞれ合意形成を進める上での場として機能するのです。

表2 集団内部での信頼関係づくりの過程

①空間の共有
②互いを認識する
③理解や反発が生まれる
④相互に影響を与え合う
⑤相互承認の関係が生まれる
⑥信頼関係が築かれる

　場を共有することで個々の区分所有者が互いを認識し、相互に影響を受けながら多様な意見が徐々に集約され、やがて収斂に向かう。これこそが合意形成というものではないでしょうか。そして、中間組織や場といった装置がそこでは貴重な役割を果たすのです（表2）。

②選択肢を多様化することで合意形成を行いやすくする

　団地には多数の区分所有者やその家族が生活しています。当然ながらその経済環境や価値観のみならず、家族構成や健康状態も異なります。このような多様な顔を持った構成員間で合意をつくり上げていくには、できるだけ多くの区分所有者やその家族が建替えに参加できる条件や選択肢を生み出さなければなりません。

　選択肢の幅は、住戸プランやそのための経済条件にとどまらず、仮住まい先や融資方法、人間関係など多面にわたり、経済的にも精神的にも相当な負担を伴うため「建替え」か「修繕か」という単一の選択肢だけで8割の合意を得ることは困難な時代にあるといえます。

　そこで、多数者の合意をつくり出すためには、合意の内容を多様化できるよう、例えば団地をいくつかの工区に区分し、段階的に建替えを行う事業方式や、空地を用いて一部先行入居ができる先行棟を建設し、仮住まいをすることなく建替えに参加できる一部先行方式などの実現を検討する必要があります。

　さらに、これまでの「建替えか、修繕改修か」という二者択一から、建替えゾーンと既存建物を活用するゾーンの両者が並存できる事業方式を検討することで再生に向けた合意形成を容易にすることも考えなくてはなりません。

　これまで実施された団地建替えは、ほぼすべてが団地一括建替え方式による建替えでしたが、団地建替えを取り巻く社会経済環境が大きく変化し、高齢化や格差の広がりがどんどん進む中で、いつまでも「建替えか、修繕改修か」という二者択一では合意形成は永遠に不可能になります。これからは、建替えを望む区分所有者と望まない区分所有者が共存できる団地再生の方法も並行して議論しなければ、何も合意できないまま放置される団地が増えることになるでしょう。

建替えと修繕改修の併存計画が可能になれば、建替えゾーンと改修ゾーンを設定し、どちらを選択するかを合意形成の目標とすることで、建替えか修繕かの絶対的な選択から、調整や妥協がしやすい相対的な選択に視点を変えることができ、合意形成のテーブルに乗せることが可能となります。

現状の制度でも一部建替えは可能ですが、建替える棟と建替えない棟との権利変換はできません。合意形成上必要なのは、団地全体で建替えゾーンと改修ゾーンの間で権利変換を可能にし、組み替えることができる仕組みです。

③高齢者が参加しやすい事業の仕組み

高齢者が一般的に建替えに消極的だとすれば、高齢者の決断のハードルを下げる工夫も必要となります。意向調査や面談などで何が決断を妨げているのかを把握し、現在の高齢者をサポートしながら、将来の高齢者も含め、安全かつ安心して住み続けられる住環境への更新を速やかに行うことが、再生を必要とする老朽化した団地の選択すべき道といえます。

では、高齢者が参加しやすい具体的な事業の仕組みや計画とはどのようなものなのか、いくつかの具体例を見てみましょう。

(1) 取得費用を軽減するための小規模な住戸（30㎡前後）

専有部分の面積を小さくするだけでなく、方位や階数、位置なども考慮して床単価を下げ、高齢者の負担を減らし、取得しやすい住戸を計画し、提案します。

建替え後の住戸面積が従前より狭くなりますが、一般的なサービス付き高齢者用賃貸住宅の広さが20㎡前後であることから、十分に検討の余地があると思われます。家賃や諸費用の負担、自宅に住み続けられることの安心などを総合的に比較して判断できるよう提案することが望ましいのです。建替え前よりも住戸が狭くなることに抵抗感を持つ高齢者は少なくありませんが、管理費や固定資産税などの維持コストも含めて長期的な視点で考慮することが大切です。

住宅取得費用の調達については「高齢者向け返済特例制度」※3の活用が大変有効です。

> **※3 高齢者向け返済特例制度について**
> 60歳以上を対象とした住宅金融支援機構の建替え用融資制度。存命中は利息だけを支払い、死亡してから住戸を処分して元本を返済するため、年金生活の高齢者でも建替えに参加することが可能になる。これからの団地再生にとっては必須のアイテムといえる。

(2) コミュニティー住宅

①の考え方を更に発展させて、住宅を小型化するだけでなく各住戸で利用できる共用の居間などを設け、居住者同士での交流を可能にして緩やかなつながりを生み出そうという住戸計画であり、北欧でみられるコレクティブ住宅をイメージしています。

高齢者だけでなく多世代の単身者が交流しながら生活できれば、コミュニティーの再生も期待できます。急激に単身高齢者が増加することが予想される中、住宅に求められる機能として、他者との交流や接点をいかに自然に生み出すかが重要な視点です。このような場を活かしてマンション内での人のつながりが深まり、緩やかな見守りができれば文字通りの「コミュニティー住宅」として育っていくはずです（図7）。

(3) 高齢者施設や交流施設などの生活支援機能を持った施設の併設

「コミュニティー住宅」などと併せて、敷地内にリハビリやデイケアを受けられる施設を併設し、気軽にそれらの施設を利用し、健康の維持増進に役立てることができれば、高齢者の生活の質の向上につながります。また、交流施設などを併設すれば、これを活用してサークル活動や季節ごとの催し物などを通して、日常生活ではなかなか接点が持ちにくい多世代間に交流の機会が広がることが期待できます。

写真1は諏訪2丁目住宅の建替え後に共用施設として設けられたコミュニティーカフェ内の写真です。地元の事業者が床を貸借して運営し、飲食のサービスなどを提供しています。外部者も自由に利用することができます。栄養バランスの良い定食が日替わりで用意されているので、昼食、夕食を楽しみに通うお年寄りもいます。日中は近隣を含めランチやおしゃべりを楽しむ方々であふれ、夕方からはアルコールも解禁になり団地内のだんらんの場となっています。

また、定期的に小さなイベントが催されるなど、コミュニティー

図7 コミュニティー住宅

高齢者の参加を促すための事業の仕組み

コミュニティー住宅の提案⇒家族構成の変化に合わせて住替えも

- 誰もが参加しやすい建替え実現を目指し、より負担が少なく取得できる「小型住戸」として提案
- 若年世代から高齢者まで、くつろぎの空間を共有し集まって住む「新しい住まいかた」の提案
- 高齢者向け返済特例（リバースモゲージ）の積極的利用

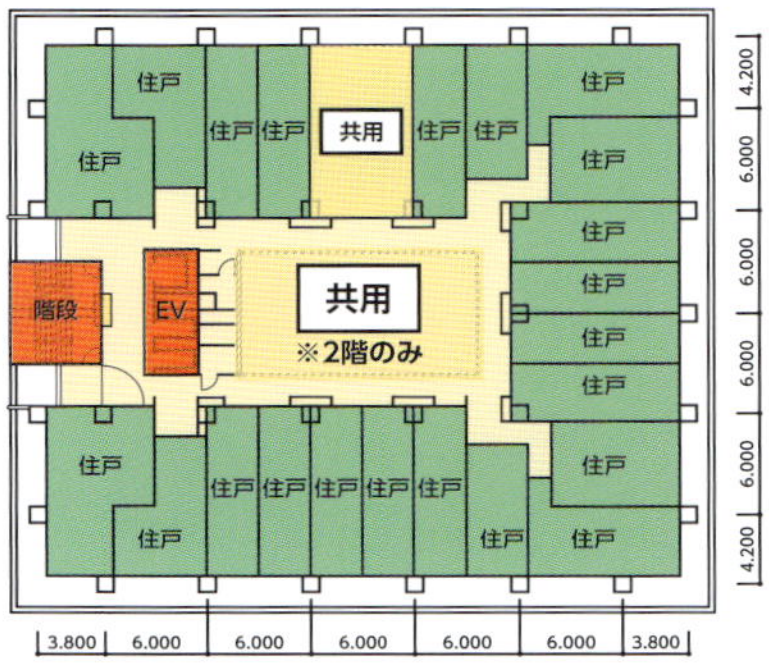

住戸のイメージ

共用部のイメージ

写真1 コミュニティーカフェ（諏訪2丁目住宅）

の核として認知が広がっています。

④検討中の団地再生事例から

(1) 事例の紹介

現在、首都圏にある複数の団地において、これまで取り上げてきたようなコンセプトのもと再生に向けたさまざまな検討を行っています。立地や規模、地元行政の関わり方や管理組合の組織力などにより内容は異なるものの、従来の保留床処分型と保留敷地処分型を組み合わせたもの、さらには段階的な建替えを検討しているものもあります。

その中から、埼玉県春日部市にある武里住宅5街区での団地再生の検討状況を簡単に紹介します。

武里住宅5街区（以下「武里住宅」）は1967年に当時の日本住宅公団により分譲された2タイプ23棟560戸からなる団地で、すでに築50年を超えています。

2015年に管理組合を法人化し、本格的な建替えの検討を開始、2017年に鳩ノ森コンサルティングがコンサルタントとして選定され、現在に至ります。

(2) 団地の現況など

武里住宅は、春日部市と越谷市の市境に位置し、東武スカイツリーライン「せんげん台駅」から徒歩約10分、北側には広大なUR賃貸の武里団地が広がる立地です（図8）。区分所有者の平均年齢は60代後半で、単身世帯も100戸を超えます。区分所有者の内住率は約8割と築年数の近い他の団地に比べて高く、組合の組織力にも優れ、総会や説明会への出席率やアンケートの回収率なども比較的高い団地です。

春日部市は2018年に立地適正化計画を定め、この中でUR賃貸住宅団地を含む武里エリアを都市機能誘導区域に指定し、医療・福祉・商業などの機能を誘導する

ことで生活利便性を高め、生活拠点としての機能を高めようとしています（図9）。

武里住宅の建替えを契機として、敷地内や近接地にこのような機能を備えた施設を積極的に導入することができれば、高齢化や人口減少が進む中での団地再生と連動した新しいタイプのまちづくりとして重要な先行事例になるものと考えています。

図8 武里住宅5街区（春日部市）

(3) 段階的建替えなどの積極的な検討

高齢化が進む中で資金負担もさることながら、工事期間中の数年にわたる仮住居での生活や2度の引越しへの不安や煩わしさが高齢者の決断の大きな阻害要因になります。そこで、武里住宅では全棟を同時期に一括建替えするのではなく、何期かに分けて段階的に行う方法や先行棟を建設し、その後順次建替えを行う方法なども幅広く検討しています（図10）。

最近実施した団地内でのアンケート調査でも「引っ越し1回・仮住まいなしの可能性があるなら検討して欲しい」という回答は42・4％で、「すべての棟が建替え完了するまでに時間がかかるので望ましくない」という回答15・9％を大きく上回っていました。

現段階では、段階建替えや先行棟建設の実現には法的課題もさることながら資金計画や管理などに関する実務的な課題も少なくありません。制度的な改正などの検討と同時に、選択肢の多様化や権利者の精神的負担の軽減につながる行政サイドからの積極的な支援策を期待したいところです。

これから解決しなければならない問題は少なくありませんが、団地内で培われた優れた組織力とコミュニティーの力を発揮し、数年後には新しい団地再生のモデルが実現するものと確信しています。

図9 武里住宅5街区再生の視点

《春日部市立地適正化計画の中での5街区の位置づけ》

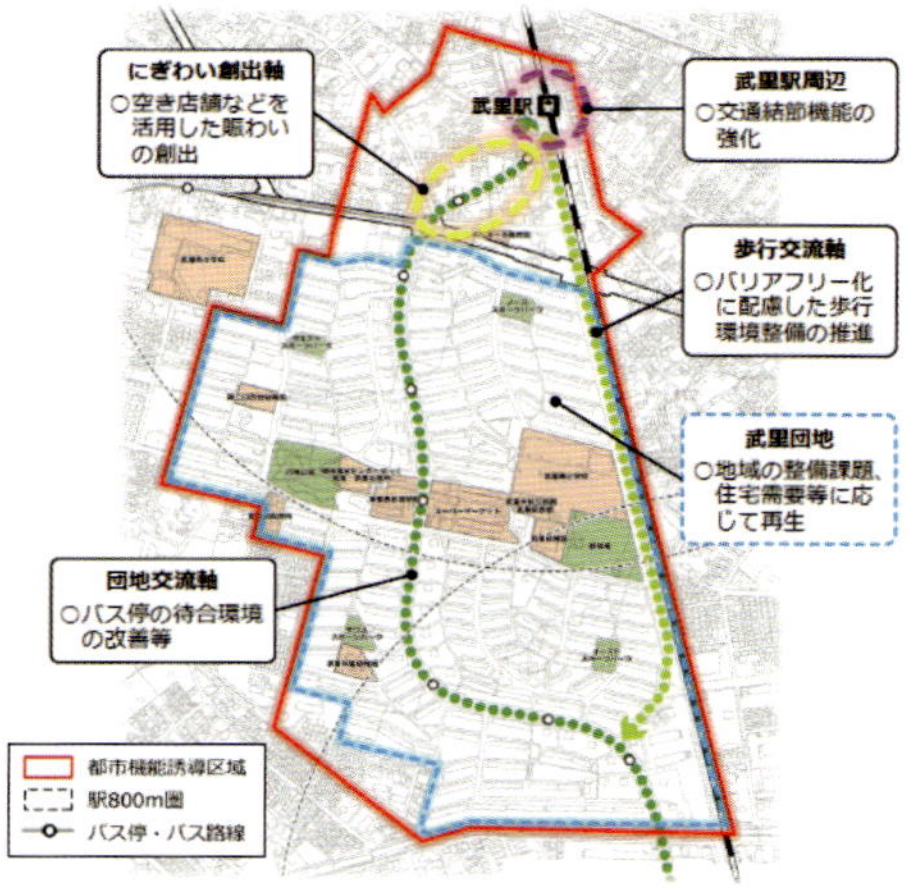

5街区は、医療・福祉・商業などの機能を誘導し集約しようとする区域内にある。

誘導しようとする施設

- 医療、福祉施設
- 子育て（保育所など）
- 商業施設（スーパー）
- 金融（銀行・信金など）
- 行政窓口
- 教育（小学校など）
- 交流・文化（図書館など）

⑤おわりに

ここまで団地再生の困難さばかりを強調する内容となってしまいました。しかし、悲観するだけでは問題は解決しません。

事例紹介にもあるように、決して多くはありませんが、工事費の高騰やマンション市場の縮小という逆風の中でも、相当の負担を覚悟しても建替えを実現しようという団地は増えつつあります。その多くは住戸ではなく敷地処分、一括建替えではなく部分建替え、段階的建替えなどの事業方法を具体的に検討しなければ実現可能な答えを見つけることが難しいのですが、これらの現実的な事業方法が円滑に進むような制度的な整備はまだ進んでいないのが現状です。

例えば、段階的建替えでは保留床や保留敷地の処分に先行して解体費用や工事費用の支出が必要となりますが、これまでのようにデベロッパーが参加しない場合の先行的な資金調達は建替組合にとっての大きな課題として残ったままです。

これからの団地再生は、企業や自治体主導による開発事業の一環としてではなく、「権利者自身の手による生活の場の再生」として位置付けられるべきではないでしょうか。団地の老朽化をきっかけに自分たちの住まい方を考える中で、コミュニティーが意識され、事業経験を通してさらに成長し、新しい「まち」や「むら」として実現するとすれば、そこには確実に新しい住まい方、生活の場としての団地の未来を見つけることができるはずです。

これは、これまでの駅前や都心での広場や商業施設、タワーマンションなどの整備を中心としたハード中心のまちづくりから、住居地域での団地や住宅を中心とした生活拠点の整備という成熟社会の「まちづくり」の新しいモデルとなるものです。

その主体が管理組合であり区分所有者であるということに、何よりも大きな価値と未来への可能性を感じています。

（写真提供　松田平田設計）

図10 建替えパターン

a. 連鎖型の段階建替え

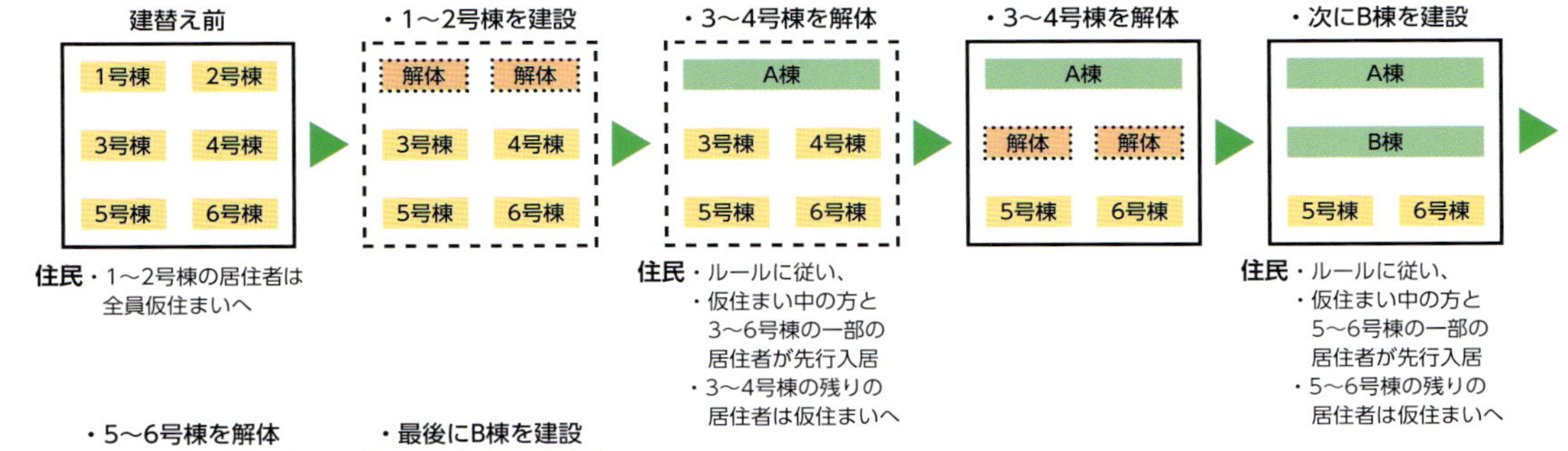

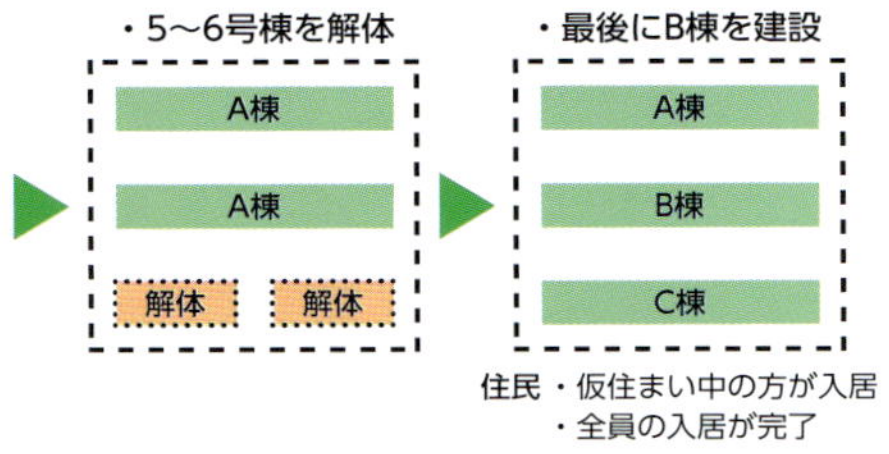

特徴

- **一部の居住者は、「引っ越し1回・仮住まいなし」で新しいマンションに入居できる可能性**がある
- 引っ越し2回の居住者も混在するので、工事の順番・入居の優先順位について、**みんなが納得できるルールづくり**が必要
- 建設コスト面は、一斉建替えに比べ工期が長くなるため増額の可能性がある。

b. 先行棟建設型の段階建替え〈空地を活用できる場合の建替え〉

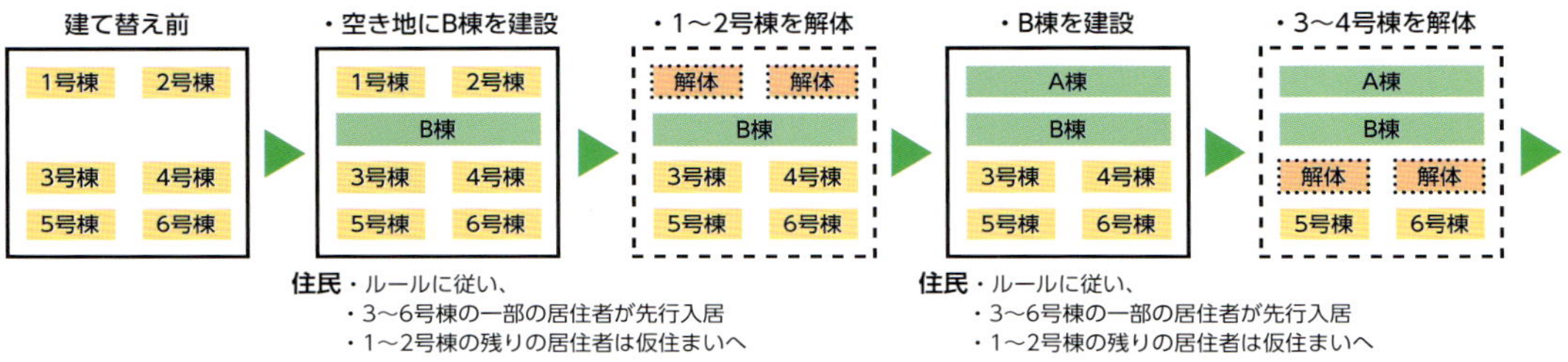

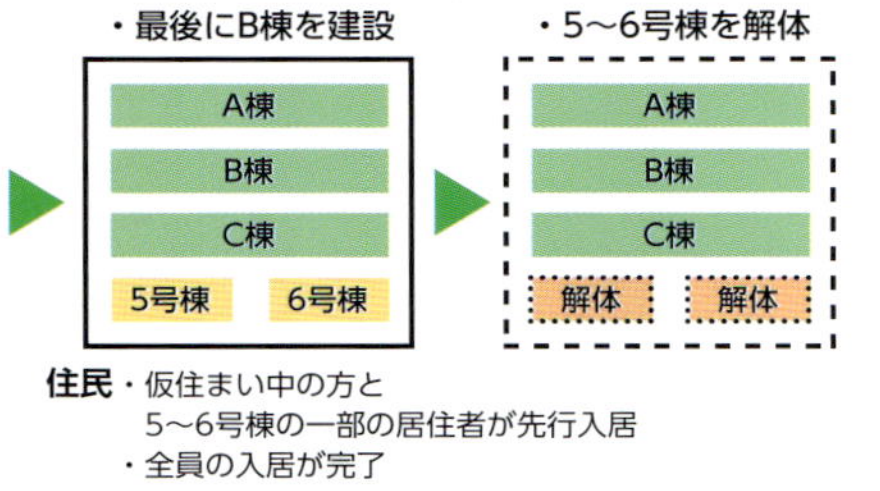

特徴

- **一部の居住者は、「引っ越し1回・仮住まいなし」で新しいマンションに入居できる可能性**がある
- 引っ越し2回の居住者も混在するので、工事の順番・入居の優先順位について、**みんなが納得できるルールづくり**が必要
- ルールのつくり方・先行棟の規模によっては、「a.連鎖型」よりも、引っ越し回数が増える可能性はある。
- 空地の位置によって、建設計画の自由度が左右される。
- 建設コスト面は、一斉建替えに比べ工期が長くなるため増額の可能性がある。

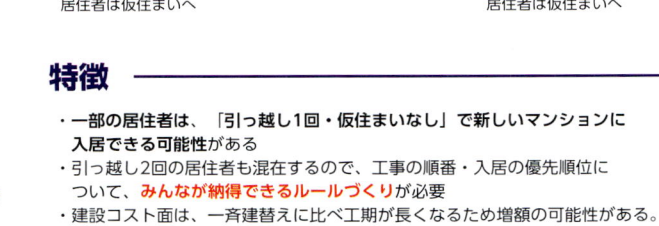

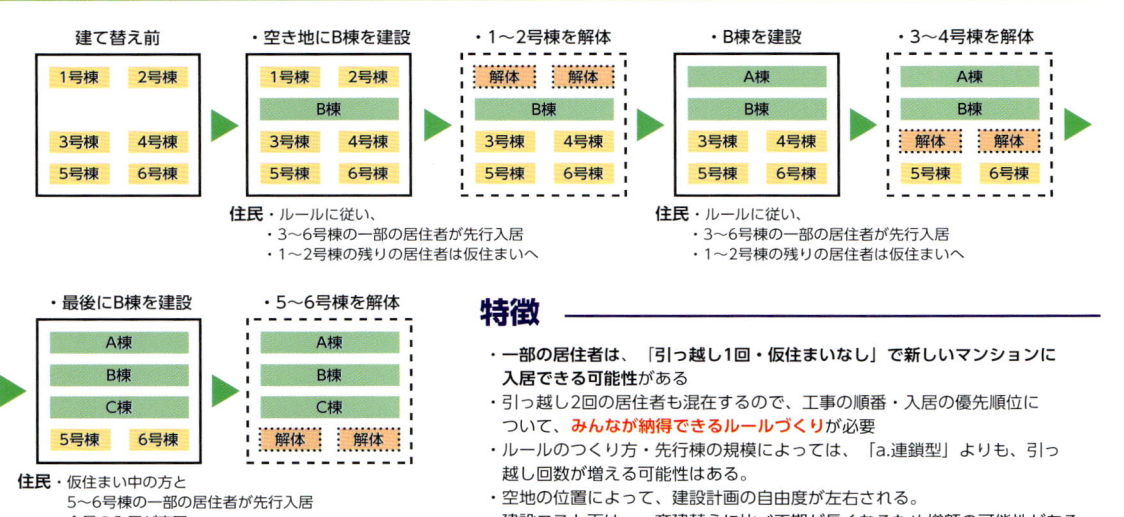

建替えを前提としたマンションの評価と建替えにかかる費用

旭化成不動産レジデンス株式会社 マンション建替え研究所 主任研究員 **大木 祐悟**

はじめに

①マンション建替えを経済的な面で考えることの必要性

マンションの建替えは、管理組合の総会(以下「区分所有者集会」)において区分所有者と議決権の各5分の4で決議できます。ところで、建替えを実現するには、既存の建物を解体して新しい建物を建築するための費用やそれに付随するさまざまな費用がかかりますので、それらを賄うための資金調達ができなければ、区分所有者全員が「建替えをしたい」と思っているとしても建替えを実現することはできません。

ここでは、建替えに際してどのような費用がかかり、その費用をどのようにして賄うかという点について考えていきます。

②マンション建替組合の収支表からその概要を考える

最近のマンション建替えでは、建替え決議後は、マンションの建替え等の円滑化に関する法律(以下「円滑化法」)によるマンション建替組合(以下「建替組合」)を設立して、建替組合が施行者として建替えを実現することが多くなっています。

ところで、この建替組合は、都道府県知事等の認可法人であるため、公益法人と同じように「事業計画」と「予算」に基づいて事業を遂行する団体となります。この事業計画における「収支計算表」から、建替えにかかる収入と支出について見てみましょう(表1)。

●建替組合の収支計画

(1)収入金について

収入は大きく分けると、補助金(もっとも、建替えでは補助金を利用する事例は少ない)のほか、区分所有者が取得しない住戸などを売却した費用、組合員や参加組合員から徴収する費用などで構成されます。ここでは補助金以外の用語の解説をします。

保留床処分金

建替組合が自ら第三者に住戸などを売却したときの収入です。

参加組合員の負担金

参加組合員(建替組合と組合参加契約をして建替え事業に参加する、不動産事業会社など)に対して組合員が取得しない住戸などに相当する土地共有持分を売却した対価として参加組合員が建替組合に支払う金銭です。

賦課金、分担金

組合の経常経費の支払いのため

表1 建替えに掛かる収入と支出

収入金	支出金
補助金	調査設計計画費
保留床処分金	土地整備費
参加組合員の負担金	補償費
賦課金	工事費
分担金	事務費
前払い清算金	借入金利子
その他	その他

に参加組合員が組合に支払うものは分担金、組合員が支払うものを賦課金と言います。

前払い清算金

組合員が施行再建マンションの住戸などを取得するに際して、権利評価額以上の住戸などを買い増しするときに、組合に支払う買い増し金を意味します。

(2) 支出金について

調査設計計画費

事業計画作成費、地盤調査費、建築設計費、権利変換計画作成費、その他調査設計計画費

土地整備費

既存建築物除去費、整地費、その他土地整備費

補償費

区分所有検討の取得費、その他補償費

工事費

建築工事費、駐車場工事費、その他工事費

なお、支出金は、建替え決議を経て建替組合を設立した後にかかるものですが、建替えを進めるためには、建替え決議前でも図面をつくったりコンサルタントなどの専門家に業務を依頼したりするときには費用がかかります。次に、費用負担と資金調達について具体的に見てみましょう。

マンション建替えにかかる費用

① 建替えそのものにかかる費用

マンション建替えの検討費用については、大きく次のように分類することができます。

① 建替えをすることが決定するまでの計画段階でかかる費用

② 建替えをすることが決まったあとに具体的な建替えを実現する実施段階でかかる費用

なお、この中で、①については、さらに、「修繕や改修」で対応するか、あるいは「建替え」の方向で進めるかという再生の方向性を決めるまでにかかる費用と、建替えの方向で進むことが決まったあとに、管理組合で建替え決議などをするまでにかかる費用に分類することができます。

さて、建替えの検討を始めてから建物が竣工するまで行うべき概略の手続きと、その時点で必要な費用についての概要をまとめてみます。表2を参照ください。なお、建替え決議後は円滑化法の組合施行方式で建替えを進める前提で考えることとします。

② 各時点で行う手続きについて

(1) 第一段階

建物の老朽化などの進行により、修繕や改修により建物を維持する方向で再生をするか、あるいは建替えの方向に進むかの検討をする段階です。この時点において、基本的な課題の整理をするためには、区分所有者に関わる情報の整理をした上で、アンケートや可能であれば個別面談などをすることで区分所有者の意向や困っていること、悩んでいることなどをある程度整理することが必要となります。また、修繕や改修が進んだ場合の概算費用の算定や、建替えを進めるとした場合の大まかな負担の検討が必要となるでしょう。

(2) 第二段階

管理組合として、建替えの方向で進めることを決めたあと、基本的には建替え決議などの建替えについての区分所有者の合意をするまでの段階です。この時点になると、建替え計画を進めるためには、区分所有者が建替えに際して再建後のマンションの取得を希望するのか、あるいは建替えを機に転出して補償金を取得することを希望するのかといった点のヒアリングから始まり、建替えを希望する区分所有者についても、再建後の建物の間取りはどのくらいのものを必要としているかといったことまで情報を取得することが必要です。

なお、建替えに際して開発行為に該当する場合などには行政協議が必要となりますし、設計について総合設計が必要なときにも、かなり細かな行政協議が必要となります。

また、建替えを進めるに際して個々の区分所有者の抱えている問題などの解決が必要となることもあります。例えば相続問題や税金問題などから始まり、中には成年後見の指定が必要な区分所有者もいるかもしれません。こうした場面では、弁護士や税理士らの協力が必要となることもあります。

(3) 第三段階

建替え決議が決まった後、着工までの段階です。

まず、円滑化法による建替組合が建替えを施行するようなときには、組合の設立から権利変換などに至る業務が必要となりますが、こうした業務は専門のコンサルタ

表2 建替えのために必要な手続きと費用の概要

	行うべき事項	主たる費用
	第一段階：建物の老朽化が顕在化	
「修繕や改修」で進めるべきか「建替え」をするかについての検討	・管理組合の役員等による情報収集 ・修繕や改修と建替えについての比較検討 ・区分所有者に対するアンケート ・説明会、意見交換会等	・区分所有者全員の登記簿謄本 ・アンケート等の集計費用 ・個別面談等の実施費用 ・修繕や改修の見積り取得費用 ・測量図がないときは土地の測量費用 ・概略の設計費用 ・その他コンサルティング費用
	第二段階：建替えの方向に進むことの決定（建替え推進決議等）	
建替え決議に向けた準備	・アンケートや個別面談等による区分所有者の意向の把握や問題点の把握 ・設計計画（基本設計）や予算計画等の策定 ・必要な場合は行政協議	・基本設計 ・地盤調査 ・個別面談等 ・法律問題や税務問題のコンサルティング ・その他合意形成費用
	第三段階：建替え決議等	
着工に向けた準備	・基本設計の確定と実施設計 ・建築許可等の取得 ・建替組合の設立、権利変換計画の作成 ・その他着工に向けた準備と課題整理	・建替え不参加者対応（必要なとき） ・建替組合関連費用 ・許認可取得費用 ・近隣対応等費用 ・その他工事着手までに必要な費用 ・再建後のマンションを取得せずに転出する区分所有者に支払う補償費 ・権利変換計画等作成費用
	第四段階：着工	
完成に向けた準備	・既存建物の解体と新しい建物の工事 ・建物竣工後の管理体制の検討 ・その他工事完了に向けた準備	・既存建物の解体費 ・建物の建築工事費 ・新しいマンションの管理体制の検討費用 ・その他
	第五段階：建物の完成・引渡し	
	・建替組合の解散、清算 ・その他	・解散の総会等に係る手続き ・行政の許認可の手続き ・その他

ントでないと対応することは困難です。また、同法の組合施行などを利用せずに等価交換方式などで対応するときでも、住戸プランの確定から住戸選定など新しいマンションを取得するための手続きが必要となります。他にも、再建する建物の建築許可の取得などの業務も必要となりますし、多くの場合は大きな建物が建ちますので近隣説明などの対応も必要となります。

次に、抵当権の処理や専有部分を第三者に貸しているときには賃借人からの建物の明け渡しなどの問題も発生するかもしれません。なお、建替え決議に賛成しない人物がいるときは、当該人物への対応をしなければいけませんし、仮に、この人物が建替え決議は無効などと主張して提訴するようなときは、裁判などの法的な手続きも必要となります。

(4) 第四段階

建物の明渡しが終われば、既存建物の解体と新しい建物の着工をすることになります。この時点では、再建後のマンションの管理体制などについての検討が必要となりますし、再建後のマンションを再取得するために借入れが必要な区分所有者に対しては、融資のあっせんなども必要となります。その他、個々の区分所有者に発生する問題への対応なども必要となります。

(5) 第五段階

建物の引渡しが終わると、建替組合の解散と清算の手続きに入ります。建替組合の解散のための認可申請や清算の手続きを経て事業は完了することになります。

建替えのための費用をどのようにして賄うか

① 建替え検討費用の調達先

建替えの検討に際しては、前節で述べたようなさまざまな費用がかかります。では、これらの費用をどのようにして賄えばよいのでしょうか。建替え検討費用の捻出方法について分類すると、次のようになります。

a. 修繕積立金
b. 組合の借入金
c. 土地共有持分の売却代金
d. 補助金
e. 保留床売却代金

このうち、検討の初期段階においては、修繕積立金から建替え検討費用を捻出することが多いものと思われますが、特に第四段階以降に発生する工事費については、これまでは土地共有持分の売却代金や保留床の売却代金を充当していることが多く見受けられました。

なお、土地共有持分の売却代金や保留床売却代金とは、次のようなことを意味します。

●土地共有持分の売却とは

容積率に余裕があるマンションの建替えをするときに土地共有持分をマンションデベロッパーなどに売却して、その売却代金を建替え後の建物の取得費の一部に充当する手法をとることが少なくありません。設例1および図1を参照ください。

設例1

従前は専有面積が同じ6戸のマンションが建っており、土地についてはそれぞれが6分の1ずつの共有持分を有しているものとする。なお、容積率に余剰があり、建替え後は従前の2倍の大きさの建物が建つものとする。なお、従前の区分所有者は、再建後も以前と同じ面積の住戸を取得するものとし、余剰容積率相当分は不動産開発会社Xが取得して、第三者に分譲するものとする。

図1 土地共有持分の売却

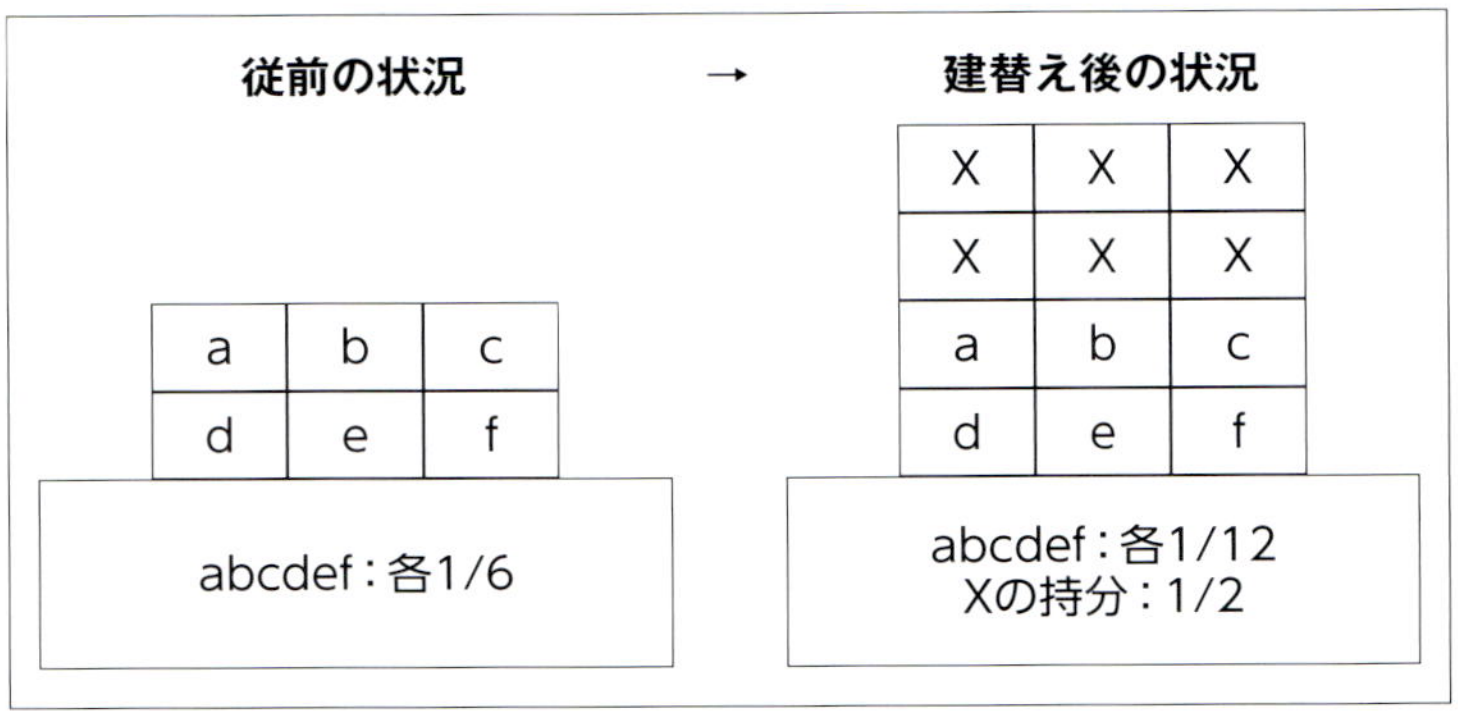

このケースは、区分所有者a～fが、それぞれが有する土地共有持分のうち、12分の1をXに売却することで、それぞれが再取得する建物の建築費の一部を賄うことが可能となります（新しい建物を取得するのに土地共有持分の売却益だけでは不足するときは、差額は各自が負担することとなります）。

●保留地の売却とは

容積率に余裕があるものの、何らかの理由で設例1のように余剰容積率を利用してマンションをつくるよりも、土地を売却した方が有利な条件となるときは、マンション用地の一部を分筆した上で、その土地を売却することで、売却代金を建替え後の建物の取得費の一部に充当する手法をとることも考えられます。この売却する土地を「保留地」と言います。設例2および図2を参照ください。

設例2

従前は専有面積が同じ6戸のマンションが建っており、土地についてはそれぞれが6分の1ずつの共有持分を有しているものとする。なお、容積率に余剰があり、建替え後は従前の2倍の大きさの建物が建つ状況であるが、当該マンションの立地はマンション用地とするよりも一戸建て住宅用地として売却する方が、評価が高くなるため、土地を二分割して一方の土地に6戸のマンションを建替え、他方の土地を一戸建て住宅用

図2 保留地の売却

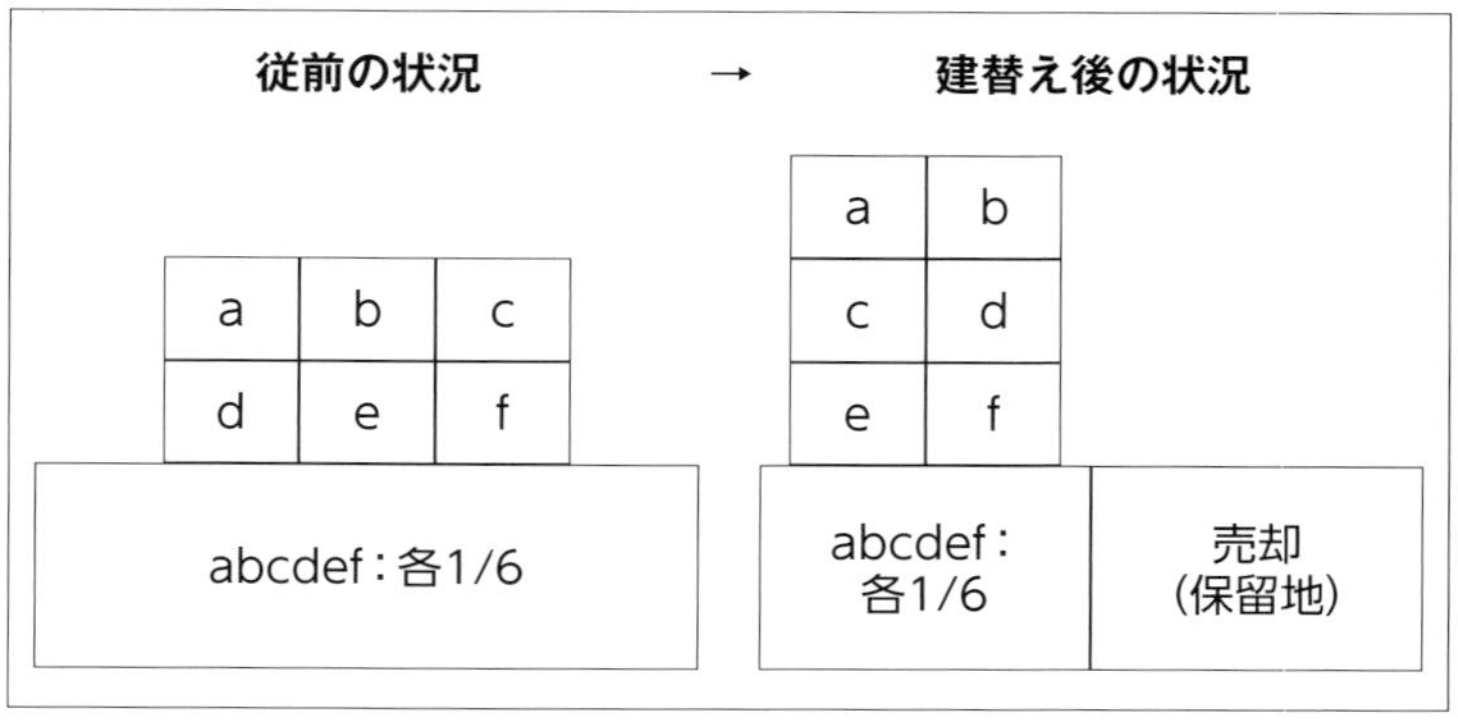

地として売却する。

（参考）土地共有持分の一部を売却する建替えの費用負担について

マンションの建替えを進めるときに、多くの区分所有者にとっての最大の関心事は、「建替えを進めるときの負担がどの程度となるか」という点でしょう。この問題を考えるときの基本は、「区分所有者で応分の負担をする」ということです。すなわち、建替えを進めるためにかかる表2であげたような費用は、それぞれの区分所有者が資金調達をした上で負担することが基本となります。

ところで、これまでの建替えについては、前述のように土地共有持分を不動産開発事業者に売却することで、再建後の建物の取得に要する費用の大部分を賄うことができていました。中には、建替え前の住戸面積よりも広い住戸を事実上の負担なしで取得できるケースもありましたが、これは、不動産の評価が高い地区にありながら容積率にも大幅な余剰があるという恵まれたマンションであったため可能であった、極めて幸運なケースと言えるでしょう。

一方で、建替え後も今と同じ面積の建物しか建たない場合に前と同じ面積の専有部分を取得しようとするときは、原理原則で考えると建替えに要する費用を各自ですべて負担することになります。

ところで、余剰容積率が全くないようなときには、不動産開発事業社を入れた建替えは可能でしょうか。

結論から言えば可能です。その理由は、余剰容積が全くないときであっても、各区分所有者は土地の共有持分の一部を売却することができるからです。例えば、余剰容積がないため土地共有持分を半分売却してしまえば、残った土地持分に対応する専有部分の面積は以前の半分になります。このようなときであっても、不動産事業会社から買い増しをすれば、前と同じ面積の専有部分を再取得することは可能となります。

いずれにしても、余剰容積がほとんどないマンションや全くないマンションについては、建物を再取得する際には応分の負担が必要になることは理解しておくべきです。また、余剰容積率があるマンションでも、不動産価格が高くない立地の場合には、余剰容積率を売却したとしても再建費用を大幅には軽減できないという認識も必要です。

●建替えの費用負担の考え方

次に、土地の持分を売却して建替え費用を捻出するときの費用負担の考え方について述べましょう。

この場合の費用負担は、次の計算式で求めることができます。

建替えに要する負担＝（再建後のマンションの専有部分の評価）－（建替えるマンションの専有部分の評価）

このうち、再建後のマンションの専有部分の評価額は、必ずしも、そのマンションの市場価格とは限りません。実際には、建替えに関する事業計画次第ですが、市場価格よりは安く評価されることが少なくありません。なお、建替えに際して不動産開発事業者を選定して当該事業者とともに進めるようなときは、その事業者から再取得の際の条件などを確認するようにしてください。

次に、「建替えるマンションの専有部分の評価」ですが、これはそのマンションの市場流通価格ではなく、次の計算式で求めることとなります。

建替えるマンションの専有部分の評価＝（再建後のマンションの総販売価格×原価率－建替えに要した費用）×専有持分割合

この計算式からもわかるように、再建後のマンションを全部売却したとした見込み額の原価から、建替えに要する費用を差し引いた金額が、マンション全体の建替えを前提とした評価額となります。そして、この評価額に、その専有部分の持分割合などをかけたものが、建替えを前提とした専有部分の評価額となります。

②修繕積立金

建替えを検討する際の費用の捻出方法として、修繕積立金を一部取り崩すという手法が考えられます。特に計画初期の時点では、修繕積立金は重要な資金源となります。

なお、修繕積立金の額が過少なときは、修繕積立金から建替え費用を捻出することが困難となる可能性があります。もっとも修繕積立金が過少であると、建替えの検討にとどまらず、必要な大規模修繕などの検討の際にも支障が出る可能性がありますので、修繕積立金の改定などが必要となるでしょう。

ところで、修繕積立金の使途は管理規約で定められています。国土交通省が公表している「マンション標準管理規約」（以下「標準管理規約」）においては、「建物の建替え及びマンション敷地売却に係る合意形成に必要となる事項の調査」が修繕積立金の使途として規定されています（標準管理規約第28条第1項第4号）ので、少なくとも現行の標準管理規約を採用しているときは、修繕積立金を取り崩して建替えの検討費用を捻出することは可能です。ただし、「建替えに係る合意形成に必要となる事項の調査」が標準管理規約で初めて規定されたのは2004年の改正からですし、マンション敷地売却については2016年の改正からの規定となっていますので、規約の最終改定時期がこれらの年より前の場合には、これらの費用について修繕積立金の使途に規定がされていない可能性があります。

このようなときは、建替えなどの検討を始める前に、規約の改正が必要と思われますのでご注意ください。

③補助金

マンション建替えに際しては補助金が利用できるケースもあります。

一般的には、「優良建築物等整備事業」のマンション建替えタイプや「都心共同住宅供給事業」などが考えられますが、それぞれ適用条件がありますので利用の可否については、各自治体の担当部署で確認してください。

その他、自治体により独自の仕組みが用意されていることもあります。例えば、東京都の特定緊急道路の沿線で耐震診断の結果、耐震性に問題があるとされるマンションについては、耐震補強に要する費用の一部に補助金が出る仕組みがありますが、マンションを建替えれば耐震性に問題のない建物ができることとなりますので、耐震補強に関わる相当額の補助金を受けることが可能です。

こうした点も含め、自治体の担当部署に相談してください。

④借入金

借入金については、住宅金融支援機構の解説を参照してください。

（参考）建替えを前提とした評価額と市場流通価格の乖離

中古マンションの市場流通価格は、基本的には周辺の同じようなマンションの取引事例をベースにして決まってきます。すなわち、「駅から徒歩○分、南向きの○○㎡の築○年のマンション」という条件がほぼ同じであれば、建物の状況に極めて問題があるケースを除き、流通価格は大きく変わりません。

ところが、建替えを前提とした評価は前述のようにして求めますので、中古マンションとしての流通価格とはリンクしません。具体的には、優良立地でありながら余剰容積が多いマンションの場合には、建替えを前提とした評価は中古マンション価格を上回ることもありますが、建替えても今と同じ面積しか建たないようなマンションの場合には、建替えを前提とした評価が市場流通価格を下回ることもあります。

特に後者のようなケースで、建替えを検討する直前にマンションを購入した区分所有者は、結果的に割高な価格でマンションを購入したことになります。そのため、そうした区分所有者が何人もいるようなときには、建替えの合意形成が困難になる可能性がありますので注意が必要です。

マンション建替え体験談

築44年のマンションの建替えを成功に導いたポイントについて

DIK小石川マンション建替組合　理事長　富山義則氏に聞く

老朽化が進み、次に大地震に見舞われると倒壊する恐れもあったというDIKマンション小石川。全くの素人であったと話す建替組合 理事長の富山義則氏に、足掛け6年にわたる建替え事業を成功に導いたポイントをお聞きしました。

DIK小石川マンション建替組合 理事長
富山義則氏

マンション建替えを体験された中で、事業を成功に導いたポイントについてお聞かせください。

●成功ポイント1
マンション問題検討委員会（準備委員会）メンバーの構成（専門性の高い住民）

富山理事長　当マンションの準備委員会に参加してくれた方々は、弁護士、一級建築士、不動産仲介業の経営者、画家、IT会社の経営者、元一流商社の営業マンといった専門性の高い住民の方ばかりで、最後まで大いに助けられました。それぞれの専門分野の方、お金に詳しい方、建築に詳しい方、法律に詳しい方など、いろいろな方の話を聞きながら事業を進めることができました。

●成功ポイント2
問題など情報公開の透明度（説明のわかりやすさ）

富山理事長　元々、所有者や住民同士の交流が少ないマンションであったため、お知らせは文書にして郵送していましたが、受取拒否をする方や開封しない方もいて、なかなか情報が伝わらないこともありました。

よって、委員会では素人ながらなるべく情報を整理して、オープンでわかりやすく丁寧に説明しようと心掛けました。しかし、一部の方々からは、なかなか委員会の声が届かないとの意見がありました。そこで、事業協力者に相談してマンション再生相談室を開設してもらい、所有者であればいつでも相談ができるようにしました。

●成功ポイント3
地震被害の大きさを共有（耐震強度への不安）

富山理事長　東日本大震災で当マンションも、2階と3階部分に大きな亀裂が2箇所ほど入るという被害を受けました。住民の方々はこの現実を見ているだけに、次に大きな地震が起きたら本当に倒壊するかもしれないという不安を感じていました。

また、住民説明会を開いて耐震診断結果の詳細を説明しましたが、当マンションの耐震性能が大きく不足していることを知った住民の方々は大変なショックを受けたに違いありません。

●成功ポイント4
大規模修繕時期と重なる（積立金不足）

富山理事長　当マンションは築後40年が経ち、ちょうど3回目の大規模修繕の時期を迎えていました。しかし、修繕積立金が不足していたため大規模修繕の実施が困難であるという状況でした。そのことがかえって建替えの成功要因になったと思います。

●成功ポイント5

北側隣地買収に成功・スケールメリットを得る（伊藤忠都市開発）

富山理事長　当マンションはいわゆる既存不適格の建物で、単独での建替えだと日影規制があって従前の3分の1の大きさになってしまうということでした。そこで、北側にあった駐車場とその3軒隣後ろまでの土地を含めないと、従前と同じ大きさのマンションは建てられないという説明を住民の皆さんに行いました。事業協力者の隣地売買交渉がうまくいったことが、建替え実現に向けて動き出した大きな要因の一つです。

●成功ポイント6

参加組合員と事業協力者（伊藤忠都市開発など）との信頼関係

富山理事長　当初、所有者の中には業者の言いなりになって不利な条件で進められてしまうのではないかと心配する声もありました。しかし、経験豊富な事業協力者の協力により、参加組合員との信頼関係を構築することができました。

●成功ポイント7

区分所有者への説明と説得（担当者を決めて信頼関係を築く）

富山理事長　区分所有者への説明に際しては、事業協力者の担当者や関係協力会社のスタッフが手分けして、すべての所有者に対して意向調査を行い、所有者それぞれに担当者を決めました。そして、建替えについての疑問や問題などの意見を聞きつつ、相談に乗ることで信頼関係を築いていきました。私たち委員会のメンバーは経験も知識もなく質問にうまく回答できないことが多いので、事業協力者の方々に積極的に対応していただきました。

その他、建替え事業を進める上で気を付けた点などがあれば教えてください。

無理をしない（ボランティアなので）

富山理事長　委員会のメンバーは仕事の合間を縫って、あくまでボランティア活動として参加しているため、決して無理しないよう心掛けました。

委員会は明るい雰囲気に（参加しやすく楽しい時間を）

富山理事長　メンバーが委員会に参加しやすいように、常に明るい雰囲気にすることを心掛けました。一つの目的に向かって努力すること自体に楽しさがあることが重要で、苦しいときも皆で希望を持って協力し合い、時には楽観主義で進めることも大切です。

マンション建替えを体験された中で、苦労した点を教えてください。

●苦労した点1

反対住民とのコミュニケーション（結局裁判に）

富山理事長　反対住民一家が行方不明になるという想定外の出来事が起こりました。

まず、催告書を内容証明で送りましたが、受取人不在で返送されてしまいました。そこで、弁護士に相談すると、公示送達という法的な手続きをすべきとの助言をされました。結局、裁判にまで発展してしまい大変苦労しました。

●苦労した点2

区分所有者の賃貸者への対応

富山理事長　部屋を賃貸に出している所有者は、借主との交渉を嫌がりました。しかし、借家人の立ち退きについては、法律でしっかり規定されており、借家人と貸主の交渉に関われるのは、所有者本人と弁護士以外にいません。裁判になった例もあるので苦心しました。

苦しいこともありましたが、全くの素人であった私が、足掛け6年にわたるマンション建替え事業に関わり何とかやり遂げられたのも、管理組合理事の方々、事業協力者である伊藤忠都市開発の皆さんのお陰です。もし今回、建替えを行わなかったとしたら、老朽化はますます進み、大地震に耐えられない倒壊マンションになっていたと思います。

事業協力者
伊藤忠都市開発株式会社
株式会社URリンケージ
事例詳細は96頁参照

基礎知識

〈編集協力〉

山田 尚之（株式会社鳩ノ森コンサルティング 代表取締役）

大木 祐悟（旭化成不動産レジデンス株式会社 マンション建替え研究所 主任研究員）

基礎知識

手続きについて

大規模改修か建替えかの検討

1．建替えの検討の声が上がる時期

形のあるものには寿命があります。鉄筋コンクリート造など、非常に堅牢な構造で建てられているマンションも、時の経過とともに劣化し、最後は利用することができなくなるときが来ます。

区分所有者の貴重な財産であるマンションは、できるだけその価値を維持するように努める必要があります。そのために管理組合では、長期修繕計画を策定して計画的に建物の維持修繕を行い、必要に応じて改修を行うことになります。

通常はこのようにして財産の効用の維持に努めるわけですが、建物の劣化が著しい場合や、その他の理由によって、修繕や改修ではなく「建替えを進めるべきではないか」という意見が区分所有者や管理組合の役員から出る時期があります。

では、築後何年くらいで建替えの検討が話題になるのでしょうか。この点については、マンションごとに大きく異なります。しかしながら、これまで建替えられたマンションについて分析をすると、築35年から40年くらいの時期にそうした声が上がっていることが多いようです。

その理由はこの時期になると、単なる外壁吹替えや防水工事だけでなく給排水管の交換やエレベーターの更新も必要となることから、ある程度まとまった費用が発生するためです。

そして、こうした費用負担の発生が、「そこまでお金がかかるのであれば、建替えを検討すべきでは」という声が上がる一つの要因となるようです。

加えて、1981年5月末までに建築許可を得たマンション（現時点で築38年以上経過）は、建物は旧耐震基準であることから、耐震改修等の必要があるものも少なくないことも、その理由としてあげることができます。

2．具体的な再生方針の進め方

マンション再生の必要が生じた場合には、まず建物の現状を把握するとともに、専門家らの意見を入れながら、その方向性について管理組合内で検討する必要があります。

マンションによっては、区分所有者が管理についての関心がないために議論ができないという話も聞きますが、マンションの再生の問題は、それぞれの区分所有者の財産価値の維持をするために必要なことであり、特に耐震性の問題があるような場合には居住者の命に関わる問題となります。

その意味で、初期段階では、建物の現状や再生の必要性について、管理組合の役員らを中心に各区分所有者に十分な説明をする必要があるわけです。

それとともに、具体的な再生の検討には、専門家の関与も必要になります。マンション再生の問題に精通したコンサルタントなどと相談をしながら、必要な検討を進めるべきでしょう。

マンション再生の選択肢は大きく図1のようになります。

図1

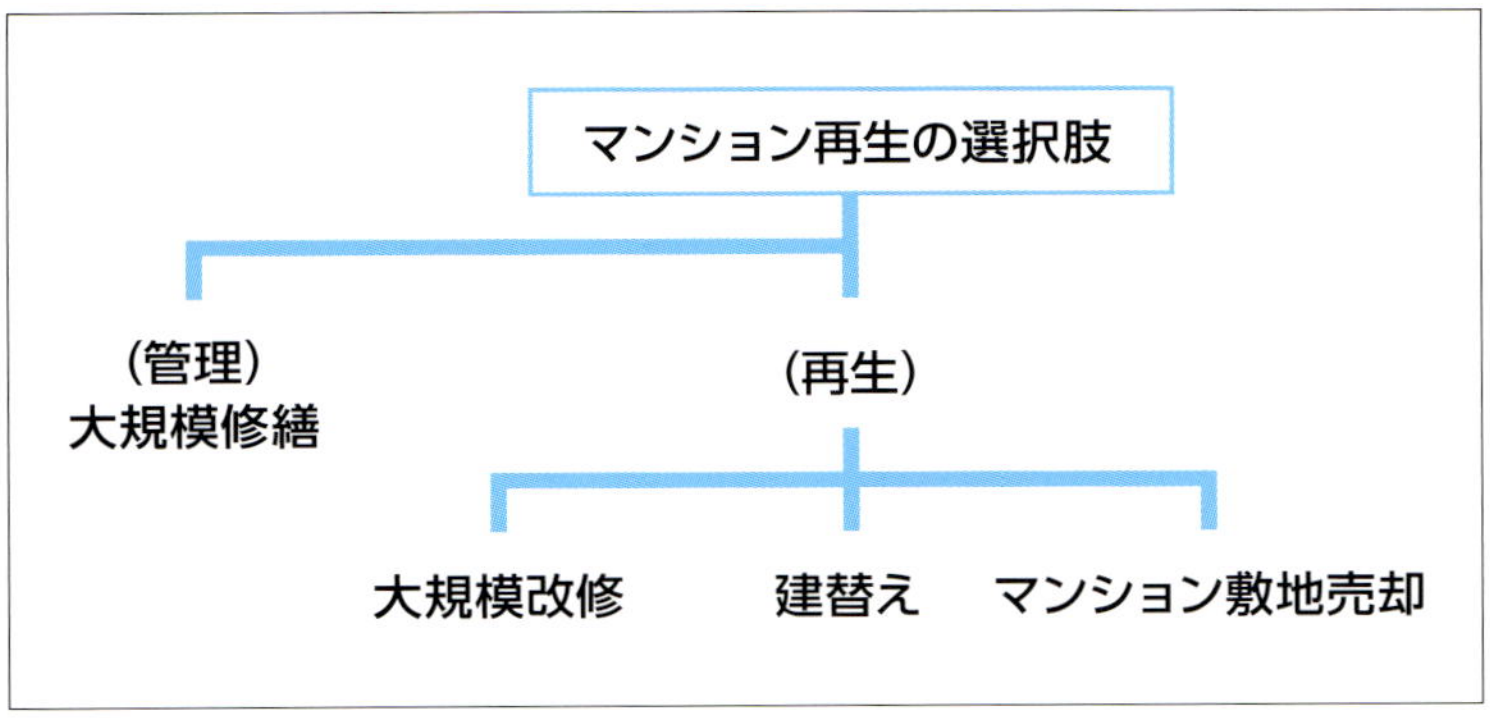

建替え推進の方向性の決定後建替え決議まで

マンション再生について、管理組合内で建替えの検討をする方向で合意ができてから、建替え決議までの手続きについてお話しします。

1. 建替えの意思決定方法

マンションを建替える場合の区分所有者の意思決定手続きとしては、2つの方法があります(図2)。1つは建替え決議であり、もう1つは区分所有者全員の同意で建替えを決定する方法です。

区分所有者の数が多いマンションの場合には、全員の同意をとるのは難しいことが多いので、一般的には建替え決議を経て建替えを遂行しますが、規模が小さなマンションで、建替えに向けた合意形成が比較的容易な場合には、全員の同意で進める方が建替えを早期に実現できる可能性もあり、現実にこの手法で建替えを実現しているケースもあります。

もっとも、多くの場合は、建物の区分所有等に関する法律（以下「区分所有法」）の定めによる建替え決議を経てマンション建替えの意思決定をするので、以下では、建替え決議で進めることを前提に説明します。

図2

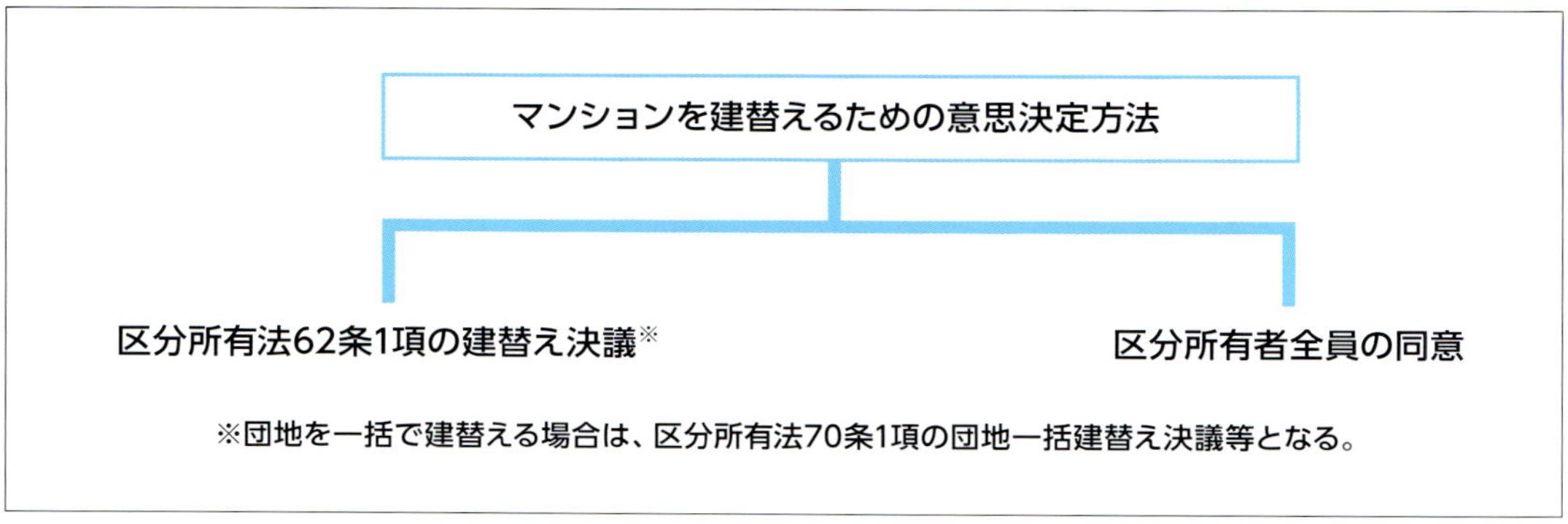

2. 建替え決議までに必要な事項

区分所有者が建替え計画に賛成するか否かを判断する場合には、少なくとも新しいマンションについての設計計画と、各区分所有者が新しいマンションを取得する際の費用負担の目安を示す必要があるでしょう。実際に、区分所有法62条2項では、建替え決議において定めるべき事項として次の4つをあげています。

a. 新たに建築する設計の概要
b. 建物の取り壊しおよび再建建物の建築に要する費用の概算額
c. 前号に規定する費用の分担に関する事項
d. 再建建物の区分所有権の帰属に関する事項

建替え決議に向けた計画を策定するためには、仮にマンションを建替えた場合に、再建後の住戸を取得する意向があるか否かという点や、再建マンションを取得する場合に必要な面積などについて、区分所有者ごとの意向確認が必要です。

そのためには、区分所有者に対するアンケートや、必要な場合には個別に区分所有者と面談をすることでニーズを把握することとなります。その上で、具体的な計画を進めることが一般的です。

また、上記の中でd.は、再建後のマンションの住戸選定のルールをあらかじめ示すべきことを意味します。

さらに建築計画とともに、資金計画や資金の調達計画を詰める必要があります。上記の中ではb.やc.に該当する事項です。次に資金計画について考えましょう。

3. 資金計画について

マンション建替えに必要な資金としては、次のようなものをあげることができます。

a. 設計費（許認可取得のための費用や、土地の測量等の調査費用を含む）
b. 建築工事費（解体費用を含む）
c. 補償費（再建後のマンションを取得せずに転出する人に支払う権利の対価など）
d. 売渡し請求関連の費用（建替え決議に非賛成であり、その後の催告にも応じない人に対

して支払う権利の対価、訴訟などとなる場合にはその費用など）

e. コンサルティング費用（通常のコンサルティング費用のほか、「マンションの建替えの円滑化等に関する法律」（以下「円滑化法」）による建替えをする場合には、組合の設立や権利変換計画等の作成費用なども必要）

f. 事務費

g. その他

資金計画は、次に述べる資金調達計画と合わせて検討する必要があります。なお、この場合に留意すべき問題としては、これらの費用の発生時期も考えておく必要があることです。

以下で、建替え推進決議後に、円滑化法の建替組合を設立して建替えを進める場合を前提として、どの時期にどのような費用が発生するかについて大まかに考えてみましょう。

概略のスケジュールと必要となる資金

図3

- **建替えの方向で進むことを決定**
  - ・コンサルティング費用
  - ・測量、基本設計業務など
  - ・登記簿謄本取得等事務費など
- **建替え計画の策定**
  - ・コンサルティング費用
  - ・基本設計費
- **建替え決議の招集**
  - ・コンサルティング費用
- **建替え決議**
- **建替組合設立**
  - ・コンサルティング費用
  - ・その他
  - ・設計料（実施設計、許認可など）
- **建替え非参加者に対する売渡請求**
  - ・法的手続き費用
  - ・非賛成者に対する支払など
- **権利変換計画の決議、認可**
  - ・コンサルティング費用
  - ・補償費など
- **解体・着工**
  - ・建築工事費など
  - ・その他
- **建物の竣工**
- **組合の解散**

※事務費は各場面で必要となる

図3の流れでもわかるように、少なくとも建替え決議の招集までには、基本設計関係の業務が必要になり、建替え決議の招集までの業務も、コンサルタントなど専門家の協力が必要なため、当然ながらその費用も発生します。これらの費用を賄うためには、通常はマンションの管理費や修繕積立金などの中から捻出することになりますので、管理組合の総会において予算措置を講じる必要があります。

なお、修繕積立金は、規約で使途が決められています。そのため、規約において修繕積立金の使途として「建替えの検討に要する費用」が規定されていない場合には、事前に規約の変更も必要になります。

4．資金調達計画

マンションを建替えるための費用はどのようにして捻出するのでしょうか。この点についてまとめると図4のいずれかの手段によることとなります。

これまで行われてきたマンションの建替えでは、ほとんどのケースで資産売却型の手法が主たる資金調達手段として用いられてきました。その典型的なケースは、建替え前のマンションが容積率に十分な余裕を持っている場合です。このようなマンションでは、消化しきれていない容積率に対応する土地の持分をデベロッパーに売却することにより、建築資金の一部を捻出することが可能となります。なお、未消化容積率が大きく

図4

建替え資金の捻出方法
- 自己資金の拠出
  - 管理費・修繕積立金
  - 組合員から一時金の拠出
  - 資産売却
- 借入金
- 補助金等

て、かつ不動産価格が高いマンションでは、結果として前と同じ面積の住戸を追加負担なく取得することも可能でした。

※これまでの建替えの例（容積率は300%、現状は100%の消化とする。建替え後も現状と同じ大きさの住戸を取得）

この説例では、A〜Dは土地の共有持分のうち12分の8（3分の2）をデベロッパーに売却し、その売却額をベースに（売却だけでは足りない場合は不足分の費用を支払って）新しいマンションを取得したことになります（図5）。

もっとも、このように恵まれたマンションはあまり多くなく、補助金についても、現実にマンション建替えで利用した事例は多くありません。また、仮に補助金がある場合でも、建替えに要する費用の一部を賄うことができるだけです。そうなると、基本的には、管理組合で修繕積立金を多く積み上げておく（自己資金の充実）か、あるいは借入れによる選択肢の検討も必要になるでしょう。

図5

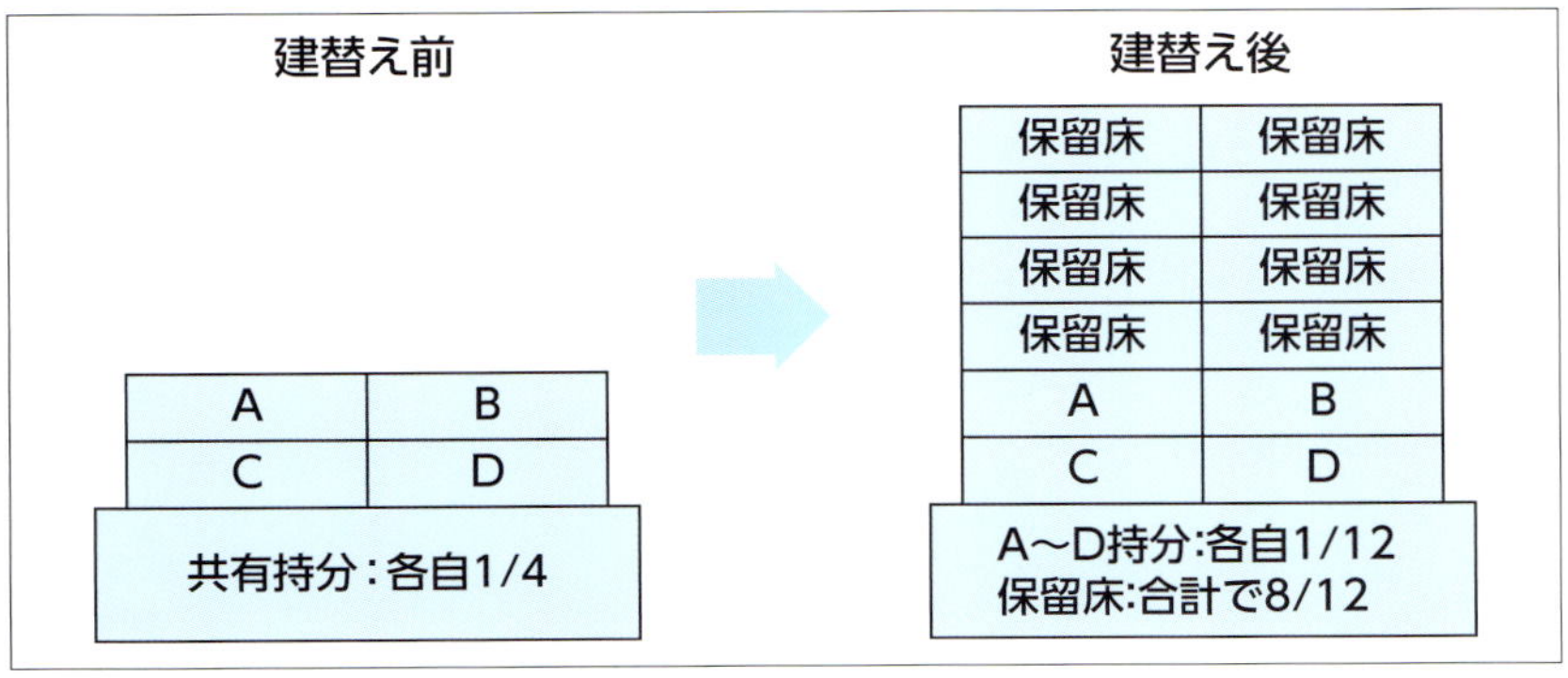

5. 建替え決議を行う場合の基本的な注意点

さて、建替え決議を経てマンションを建替える場合には、建替えの有効性を巡り紛争が生じる可能性があります。そのため、法律にのっとった手続きをとる必要があります。細かな点は専門家に聞いていただくとして、基本的に注意しておくべき点をいくつかあげてみます。

①建替え決議の招集について

a. 建替え決議の招集通知や、法律で定めた説明会を期日どおりに行っているか否か

b. 区分所有者に間違いなく通知を発しているか

c. 議案は法律で求めている内容を満たしているか

②建替え決議時の留意点

a. 共有住戸について議決権行使者の指定がなされているか否か

b. 議決権行使書等に記載ミスはないか

上記の中で①b.は、区分所有者本人が逝去されているにもかかわらず、管理組合に相続人の届け出をしておらず、また登記も変更していないような場合には、亡くなった人物宛てに建替え決議集会の招集をすることになります。その意味で、事前に区分所有者の確認作業はきちんと行っておく必要があるでしょう。

また、②a.についてですが、共有住戸については議決権行使者を一人指定して、そのものが賛否の意思決定をしなければいけません（区分所有法40条）が、日頃の管理組合活動ではそのような点に注意していないことが少なくないので注意が必要です。

6. 専門家の活用の必要性

以上述べてきたように、建替えの検討のためには、前段階でアンケートや個別面談などが必要なことが少なくなく、マンションの役員会や建替え検討の専門委員会などは、情報を定期的に区分所有者に発信するとともに、説明会などを何度も開催する必要があります。加えて、建替え決議の招集から運営には、注意しなければいけないことも少なくありません。その意味では、建替えを検討する場合には、早い時点から専門家の協力を得ることが必要です。

建替え決定後の進め方

建替え決議後に行うべきこと

建替え決議や、区分所有者全員の同意によりマンションの建替えをすることが決まったとしても、それは、建替えのスタートラインに過ぎません。そこで、本節では、建替えの合意形成後、着工までの手順について解説します。

建替えに係る意思決定後に行うべきこととしては、次のようなことがあります。

a. 建替えに非参加の区分所有者への対応（建替え決議の場合）

b. 具体的な建替え計画に向けた詳細の詰め

c. 建築確認や必要な場合の開発許可などの取得

d. 借家人や抵当権者ら、区分所有者以外の利害関係者への対応

e. ゼネコンの選定など着工に向けた準備

f. その他必要なこと

このうちa. については、次の項目で説明します。

次にb. についてですが、建替え決議などで建替えが決まった後に、詳細を詰める中で設計計画や設備計画が変わることがあり、その後も再建後のマンションの住戸選定などさまざまな手続きが必要となります。

また、f. の具体的な内容としては、個々の区分所有者対応などをあげることができるでしょう。例えば、高齢区分所有者から引越しや仮住まいの相談を受けることもあり、その他、相続や贈与にかかる相談などさまざまなものが考えられます。もちろん、必要に応じて、弁護士や税理士らの専門家に依頼すべきこともあるでしょう。

建替え非参加の区分所有者への対応

管理組合集会で建替えが決議されたときに、建替えに賛成をしない区分所有者（反対者だけでなく、棄権なども含みます）に対して、建替え決議集会の招集者は建替え参加の可否を問う「催告」を行います。そして催告が到達してから2カ月以内にその区分所有者が建替えに参加したい旨の意思表示をした場合には、建替え決議賛成者とともに、その区分所有者は建替え参加者となります。

これに対して、建替えに参加する旨の意思表示をしなかった区分所有者は、建替え不参加者となります。そして彼らに対しては、建替え参加者らが売渡請求権を行使することになります（図1）。

図1

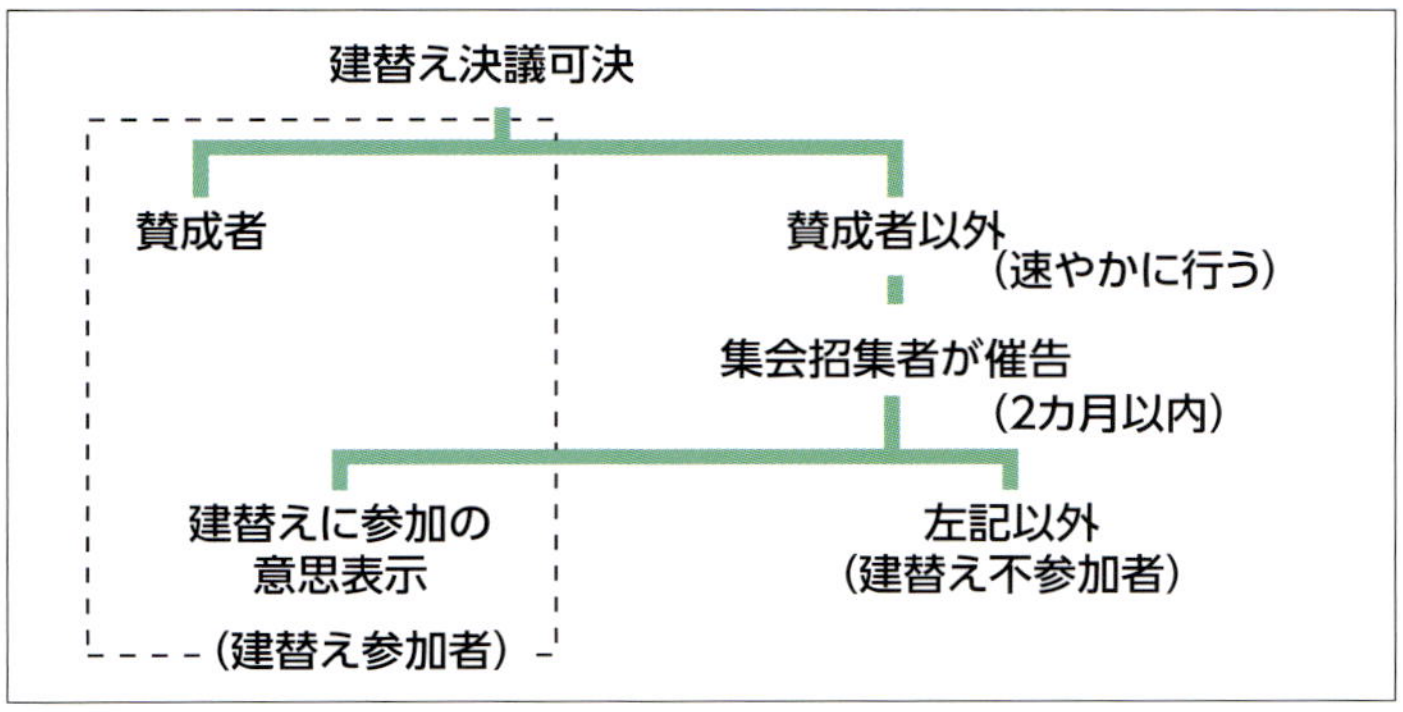

なお、売渡請求権を行使した場合には、その後の対応は次のいずれかになるでしょう。

a. 売渡請求権を行使された区分所有者が自分の権利を売渡請求権者に売却して転出する

b. 売渡請求権を行使された者が任意に売却に応じないときは、その者に対して、売渡請求権行使者が裁判により明渡しを求める

また、売渡請求権の行使時期は、前述の催告期間の満了後2カ月以内です。ただし、マンション建替え法の組合施行方式をとる場合には、建替組合設立から2カ月以内

に行使することも可能です（組合施行方式で事業を行う場合には、いずれの対応も可能となります）。

建替えをどのようにして実現するか

さて、区分所有者間でマンションを建て替えることについて決議または全員の同意がとれた後に、具体的に建替えを進める主体としては、次のような選択肢があります。

a. マンション建替え等の円滑化に関する法律（以下「円滑化法」）の建替組合が施行者となって進める手法

b. 円滑化法の個人施行者が施行者となって進める手法

c. 事業会社（等価交換方式など）により進める手法

d. その他

このうち、円滑化法の建替組合が施行者となって事業を進める場合には、建替え決議を経て、建替え参加者のうち5名以上が定款と事業計画を策定した上で、建替え参加者の4分の3以上の同意を得て、都道府県知事などに組合設立認可申請を提出し、当該都道府県知事などに認可を得て組合を設立します。また、円滑化法の個人施行者方式は、規準（個人施行者が複数の場合や規約）と事業計画を定め、事業計画について区分所有者や関係権利者らの同意を得た上で、都道府県知事などの認可を得た個人施行者が建替え事業を進める手法です。

円滑化法の以上の手続きで建替えを進める場合には、「権利変換」手法により事業を進めることになります。

これに対して、等価交換方式とは、建替え決議とその後の催告を経て建替えに参加することとなった区分所有者（区分所有者の全員同意により建替えの意思決定をした場合は区分所有者全員）が、デベロッパーなどと等価交換契約を締結した上で事業を進める手法です。

なお、建替えの意思決定方法と事業の進め方の関係は図2で示します。

マンションの建替えを進める場合に、いずれの手法を選択するのかは、ケースバイケースで判断する必要があるでしょう。なお、建替え事業の進め方の各手法について、メリット・デメリットを示すと次頁の表1のようになります。

図2

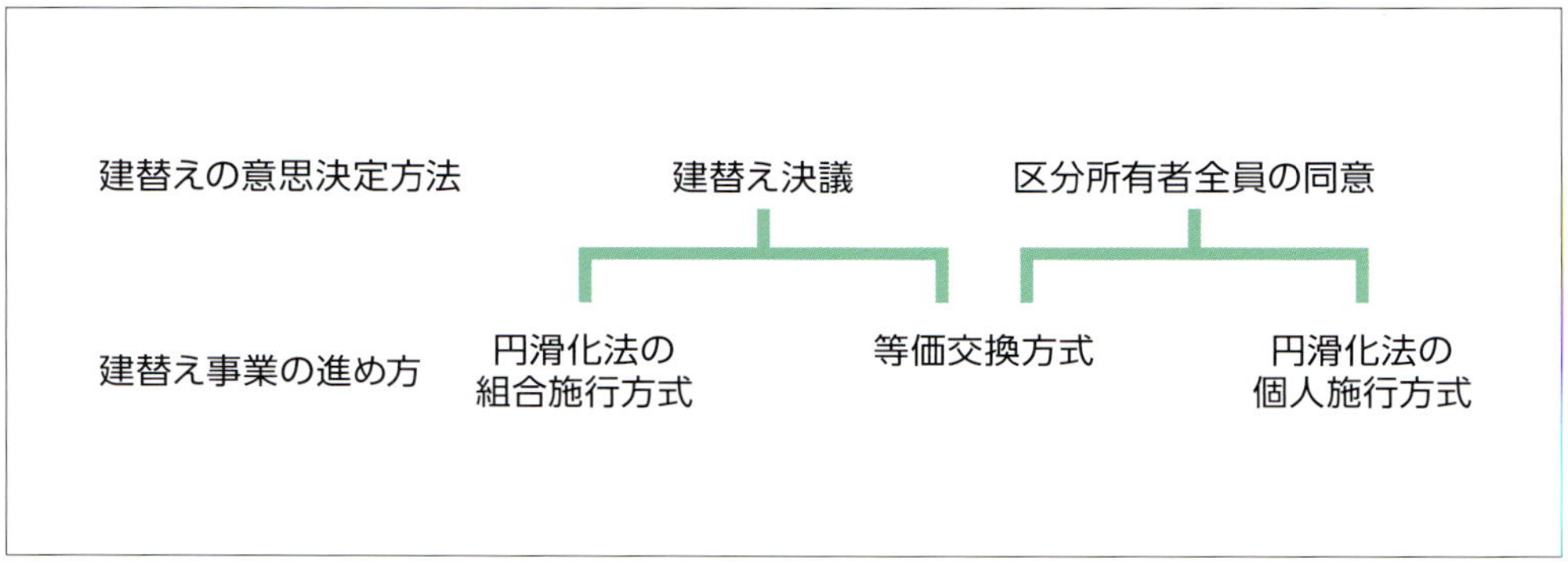

参考：マンション敷地売却決議による建替えについて

円滑化法の改正により耐震性に問題があるマンションで、管理組合が必要な手続きをして、特定行政庁がその旨の認定をしたマンション（要除却認定マンション）の場合は、建替えではなく、マンションと敷地の売却を特別多数決で決定することができるようになりました。また、要除却認定マンションにおいては、今後は、このマンション敷地売却決議を経てマンション建替えをする選択肢もあります。

具体的には、次のような手続きとなります。

①管理組合でマンション敷地売却決議をした後に、敷地売却参加者らにより「敷地売却組合」を設立し、さらに分配金取得計画の認可後、あらかじめ都道府県知事から認可を受けている「買受人」にマンションと土地を売却します。

②次に、買受人が同じ土地上にマンションを建築し、建替え前のマンションの区分所有者の中で希望する者に再建後のマンションを売却します。このようにしてマンション敷地売却制度の手法により建替えを実現することも可能です。

なお、マンション建替えの実現のために採用すべき手法は、マンションごとの事情も鑑みて結論を

表1

	メリット	デメリット
組合施行方式	・建替え参加区分所有者全員が参加する建替組合が施行主体であり、また、行政の認可で進める事業方式であるため、運営の透明性が高い。 ・法律で事業の進め方が定められている。 ・税制上のメリットなどがある。 ・権利変換も組合の決議と行政の認可で決定できるため、特に規模が大きな場合には、等価交換の場合よりも手続きが容易となることが多い。	・組合の設立や権利変換計画の認可などの場面で行政の許認可が必要とされることから、比較的簡単な事業でも一定の時間が必要となる。 ・法律が予定していないケースについては対応が難しい場合がある。
個人施行方式	・区分所有者全員が同意した規準（規約）と事業計画による事業であり、また権利変換計画は行政の認可によるため、運営の透明性が高い。 ・法律で事業の進め方が定められている。 ・税制上のメリットがある。	・全員同意方式であることから、規模の大きなマンションや、規模が小さくても明らかに反対者がいる場合には採用が困難である。 ・その他は、組合施行の場合に準じる。
等価交換方式	・事業の運営については行政の許認可が必要ないため、事業者と組合員の同意があれば、さまざまなケースに対応することができる。 ・区分所有者の合意形成が用意で、支障がない場合には、事業を迅速に進めることができる。	・信頼できる事業会社を選択する必要がある（事業会社が破綻してしまうと問題が生じる可能性がある）。 ・事業会社主導で建替えを進めることになる（区分所有者の意向を反映してくれる事業会社を選定する必要がある）。 ・建替え合意者全員とデベロッパーなどの事業会社が等価交換契約を締結する必要があることから、区分所有者の数が多いと、そのために時間がかかることがある。

出す必要があります。そのため、計画時点から、コンサルタントなどの専門家と十分な協議をした上で具体的な対応法については決めておく必要があるでしょう。

その他にどのような手続きが必要か

①事業計画の詰めと住戸選定

建替え決議に際しては、区分所有者らの要望も鑑みて設計計画を策定しますが、建替え決議が可決された後も再建後のマンションの住戸選定をするまでの間に、設計計画が一部見直されることが少なくありません。

なお、住戸選定については、建替え決議の際に定められた事項（建物の区分所有等に関する法律62条2項四）に従って対処する必要があります。

②許認可の取得

次に、実施設計を経て建築確認を受ける必要があります。

また、それ以外に、場合によっては開発許可が必要であることや、他の許認可が必要なこともあります。なお、これらの点については、現実には、建替え決議よりも前に必要なことを把握しておき、スケジュールを組んで対応する必要があります。

③区分所有者以外の関係権利者への対応

建替え決議など、建替えに関しての意思決定は、区分所有者間の合意事項に過ぎません。そのため、住戸の賃借人や、あるいは抵当権者らについては、個別に協議をする必要があります。

このようなことを考えると、少なくとも、建替えを検討するようなマンションでは、住戸を第三者に賃貸する場合には、定期借家契約の選択をしておく必要があるかもしれません。

「税の視点も重要」

マンション建替えの検討を進める場合には税金についても注意が必要です。

例えば、建替えに際して、建て替えるマンションの区分所有権を売却して利益が発生する場合には、その利益に対して譲渡所得税・住民税（法人の場合は法人税など）が発生します。仮に等価交換方式で建替えを進める場合には、再建後のマンションを取得する区分所有者は、税務上の「買い換え特例」を利用することで課税の繰延べを受けることが多いと思います。

ところで、この「買い換え特例」にもバリエーションがあり、立地や区分所有者の属性によって適用される特例が異なることがありますし、場合によっては特例が利用できないこともあります。

一方で、円滑化法に基づいて建替える場合には、権利変換方式となりますので、権利変換する部分については、個人の区分所有者は特に税務申告などをする必要もありません（法人の場合は圧縮記帳の手続きが必要となります）。

また、再建後のマンションを取得する場合には不動産取得税や登録免許税が発生します。このうち不動産取得税については、取得する住戸の面積によっても控除が適用されることで大幅に税が圧縮される場合と、そうでない場合があります。その他、建替えに際して、マンションを贈与することを検討する場合には贈与税などの検討も必要となります。

このように、税の問題は、マンション建替えの進め方でも異なりますし、また区分所有者個人の事情によっても異なりますので、具体的問題については弁護士や税理士らの専門家に相談することをお勧めします。

合意形成と組織づくり

合意形成をどのように進めるか

建替えを実現する上で必ず越えなければならない壁、最大の課題が区分所有者間の合意形成です。ここでは、この最大の課題となる「合意形成」とは何か、どうしたら効果的に合意形成を進められるのか、ということを一緒に考えたいと思います。

ところで皆さんは合意形成をどのように考えていますか。「決議に賛成してもらうこと」と考えれば、条件の内容や専門家の上手な交渉で賛成するように説得することが合意形成だと言えるかもしれません。確かに、人数が限られ、破格の条件が提示できるケースではこのように個々の合意を積み上げて合意形成ができる場合もあるかもしれません。しかし現実にはこのようなケースはむしろ例外です。マンションや団地の合意形成の現場に立ち会う中で、「不安や障害がありながらも多数の区分所有者が再生の必要性を理解し、徐々に賛同者が増え、当事者意識や参加意識が育まれ、やがて全体としての合意ができる」ことが集団での合意のあるべき姿だと考えるようになりました。

このようなプロセスを経て合意に至った集団は、建替え後も新しい住民を含め豊かな人間関係が続き、適切な管理と良好なコミュニティーに支えられ充実した生活を営んでいる例がほとんどです。合意形成とはコミュニティーの再生である、と言っても過言ではないと思います。このような意味で「マンションの再生という目標に向けて多数の区分所有者が合意をつくり上げる活動」こそが望ましい合意形成なのだと思います。

合意形成をイメージする

合意はたとえるなら中心部分から徐々に外側に向かって波紋のように広がり、全体につながるものだと考えています。中心で湧き上がった有志の皆さんの思いが少しずつ共感を得て広がり、同志となった方々の協力を得て無関心な方々に浸透していくというイメージです（図1）。後半では、このようなイメージに沿って組織づくりの方向性や活動を考えてみたいと思います。

図1 同心円に波紋が広がるイメージ

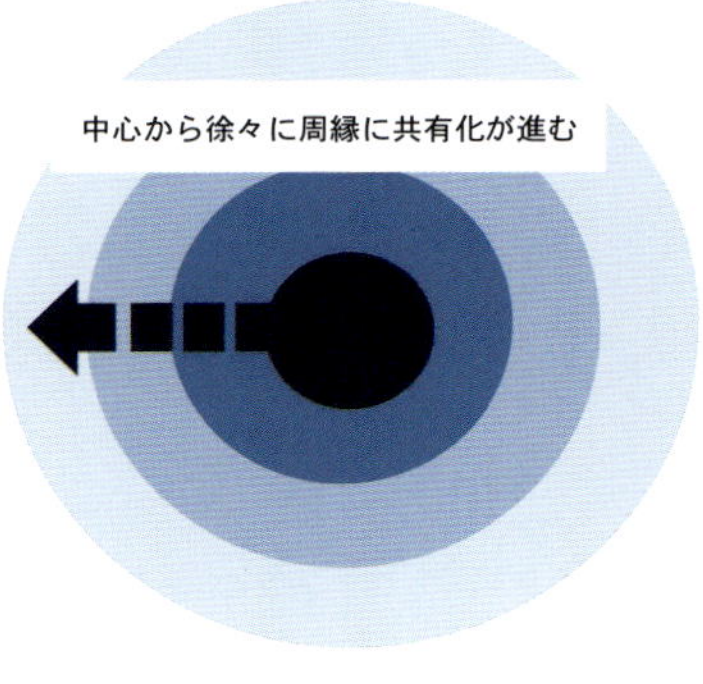

合意形成のメカニズム

重要な課題について集団の中で合意に向けて意見が集約されていく過程には2つのポイントがあります（図2）。第一は、多数の構成員が集団の中で自分たちの抱える課題を認識し、構成員同士がこれを共有することです。

建物や設備の老朽化、耐震性能の不足などの問題は決して他人ごとではなく、自分自身の問題でもあるということを理解し、構成員の間で共有することが重要です。問題を共有することで互いに影響を与え、共感し合う関係性が生まれます。

第二は、課題の共有と並行してそのような問題点を議論し、方策を考える（あるいは委ねる）器や「場」が集団の中に用意されていることです。具体的には集会などの話し合いの場やお祭りやイベントという形をとることもあります。

最初は人が数人しか集まらなくても、号棟集会を続けることは「場」を用意する意味で重要です。多様な意見がこの「場」の中に投げ込まれることで、ぶつかり合い、互いに影響を与えながら、徐々に問題が整理され、やがて一つの方

図2 合意形成が段階的に進む個・集団・場のイメージ図

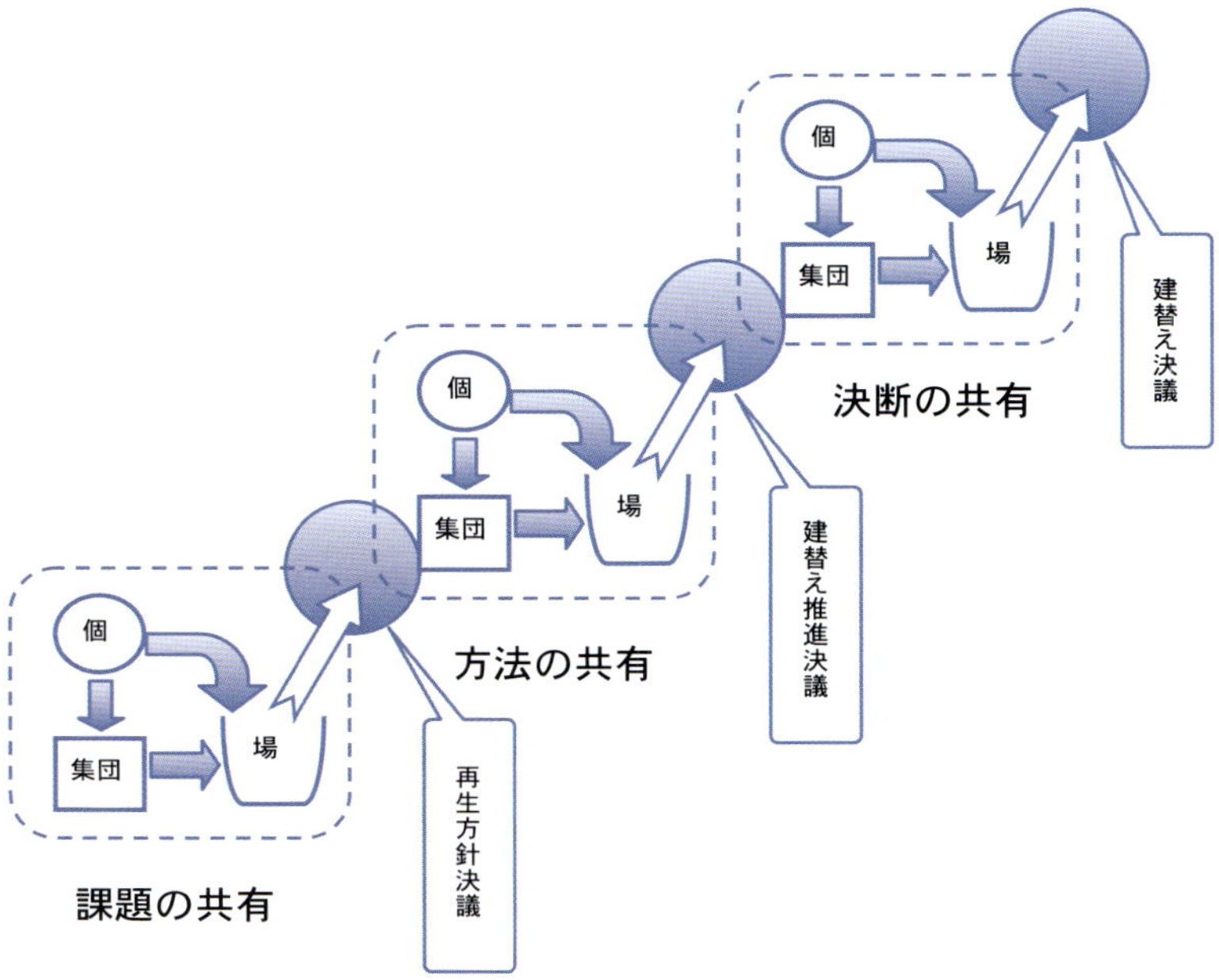

向性を持つ可能性が生まれます。

多様な意見や価値観があってもそれを同じ器の中に入れることができなければ、ばらばらなままで終わることでしょう。器の中に入れ、議論というかたちで熱を加えることで素材が溶け合い、新しい化学反応が起きるのです。

もちろん意見の集約や合意形成がそれほど簡単に進むものでないことを私たちは日常的に経験しています。しかし、「課題の共有」と多数で問題を温める「場の必要性」が合意形成の要点であることは確かです。私たちは仕事の場や家庭で日常的にこの合意形成を行っています。その際、無意識にこの2つの問題を処理しているのです。

大切なことは合意形成という意向の集約が、誰かの頑張りだけでできるものではなく、一つのシステムとして機能していることを理解することだと思います。

20～30戸であれば話し合いの延長で合意を得ることが可能かもしれませんが、1，000人を超える規模の団地での合意形成では、合意形成のメカニズムを理解し、コミュニティーが自律的に動く仕組みづくりが必要になります。システムであるからこそ、組織のデザインやマネジメントが重要になってくるのです。

誰のための再生か、何のための再生か

マンションの再生という言葉は少し抽象的です。マンション再生の目的を突き詰めれば一般的には「安全で安心して生活できる住環境を得る」ということかもしれません。場合によっては資産価値を守るという側面が強くなり、あるいは自然環境や住環境を維持するという面が強くなることもあります。「老朽化したから再生するのは当たり前」と考える前に、大多数の区分所有者が共感できる再生の目標を探し出すことが重要です。

この点で、これからのマンションや団地などの住宅問題は多くの場合、高齢化や福祉の問題、子育てと夫婦の就業、地域との関係などさまざまな問題と切り離して考えることはできません。

単に耐震性やバリアフリーといったハード面だけでなく、10年、20年後の生活の中での住まいのあり方を含め、自分たちには「なぜ再生が必要か」、「どのような再生が必要か」、そして「その目標は実現可能であるか」を広く深く考えなければ見えてこないと思います。

自分たちは、敷地と建物を共有する運命共同体である

団地やマンションの区分所有者は建物（柱・壁・天井という躯体）と土地（敷地利用の権利）を共有しています。その共有の財産を維持するため管理組合を組織し、規約というルールに従って管理しているのです。

そのためこの共有物を修繕や改修するのも、あるいは新しいマンションに建替えるのも総会での決議＝区分所有者の合意が必要となります。戸建住宅とは異なり、マンションや団地を所有する皆さんは好むと好まざるとにかかわらず「全員が運命共同体の一員」であるということです。一人では何も

できない、合意ができなければ何もできない、ということを各区分所有者が自覚することから初めてマンション再生が始まると言っても過言ではありません。

　では、マンションの再生という目標に向かって多数の区分所有者が合意するためには、どのような活動が必要なのでしょうか。

現状を知る
建物・設備の状況を把握する

　再生は皆さんが考える理想の住まいのあり方と、現実とのギャップを埋めるために行われます。前提として現在の建物や設備、管理の状況を把握し、この現状を区分所有者が互いに共有することが重要です。人間の体でいえば、まずは健康診断を行い、病気の有無や将来の不安要因を把握するということです。

　区分所有者にとって共有する建物がどのような状況にあるのか、このまま安全・安心に生活し続けられるのか、本来は無関心ではいられないはずです。建物や設備について建物診断などの調査を十分に行い、現在の建物や設備の問題状況をできるだけ客観的に把握し、この内容を区分所有者間で共有しなければなりません。また、旧耐震基準設計の1981年以前に建築されたマンションについては、耐震性能についても診断を受けることが必要です。

　さらに区分所有者の高齢化や居住人口の減少、賃貸化の進行、空き家の増加など、いわばソフト面でのマンションの現状や課題の発見もマンションの再生方法と再生の目標時期を考える上で重要です。建物や設備などのハード面だけでなく、ソフト面にも目を配り現実的な再生方法を選択しなければなりません。

課題を共有する（意向調査の活用）

　先ほど述べたように「課題を共有する」ことは合意形成の大切な前提条件です。ではどのようにして課題の共有を図ればよいでしょうか。建物診断や耐震診断を実施し、客観的な目で現状の課題を抽出し結果を報告・説明することは大変重要です。しかしながら、理事会や委員会からの報告や説明だけではどうしても情報の流れが一方向になるため、一般権利者間で、簡単に課題の共有化を図れるわけではありません。

　そのような場合に「意向調査」は一つの有効な手段だと言えます（表1）。意向調査の主な目的は合意形成や計画検討を行うための情報収集ですが、同時に合意形成活動の端緒としても有効です。特に各区分所有者に当事者意識や参加意識を持ってもらう上で調査票記入を通して自分の権利を客観的に確認し、希望や意向を自己認識することは大変に効果的です。

　さらに意向調査の集計・分析結果についてはできるだけ迅速に報告会などを通じて一般組合員に周知し、全体での傾向や他の組合員の意向などについて認識を深めてもらうことが重要です。他の組合員の意向を知ることで、情報の共有化と同時に当事者意識や問題意識の醸成が進み、マンションが運命共同体であると考えたとき、全体の意向が自分の考え方と比べてどうかということは意思決定上の大切な要素となるからです。

合意形成は段階的に行う

　構成員が大勢いれば、再生に対する価値観や置かれている状況も千差万別です。冒頭で、合意形成のイメージを池に小石を投げ込んだときの波紋のように説明しました。個人の中でも〝関心→必要性の認識→理解→納得〟と意思決定には時間と段階ごとのけじめが必要です。このように合意形成は一気に最終結論について賛否を問うのではなく、段階的に問題を設定し、何らかの合意を得ながら先に進まなければなりません。

　建替えの場合を例にとっても表2のように建替え決議までに①～④、建替え決議成立後も⑤、⑥と

表1

〈意向調査で確認しておきたい項目〉
- 年齢、家族構成、所有者、抵当権の有無、居住の有無などの情報収集
- 現在の建物・設備への不満や希望の把握（どのような不満や問題があるか）
- 再生方法への意向と不安事項、懸念事項などの確認
- 外部居住の場合の賃貸契約の内容（特に更新時期、契約の有無）
- 組合活動、建替え検討などに協力的か、懐疑的かの見極め

〈注意する点〉
- 個人情報の扱いについての覚書などの締結
- 今後の意向調査の精度、有効性を高めるためにも記名式が重要

長い時間と手続きを経て、段階的に合意を重ねながら事業は進んでいきます。合意形成は段階的に進めること、そしてそれぞれの段階で何を合意するかを明確にして進めていくことが重要です。「建替えに賛成するか」、「権利変換で住戸を取得するか」その段階になったときに判断すべき事項で、それまではさまざまな情報を正確に、先入観を持たずに受け入れてもらえる関係づくりが理想です。

表2

	合意形成の段階	合意事項、根拠法など
①	建替え検討組織の設置	活動・検討の開始の合意
②	コンサルタントなど外部専門家の導入	業務委託費などの予算化の合意
③	複数の再生方法の中から建替えを優先し、本格的に検討を開始する	設計者や事業協力者などを選定し計画を具体化することへの合意（再生方針決議・建替え推進決議）
④	当該計画で建替えることへの合意	区分所有法※1上の建替え決議
⑤	組合を設立することへの合意	円滑化法※2による合意
⑥	権利変換計画への合意	円滑化法※2による合意

※1 建物の区分所有等に関する法律　※2 マンションの建替えの円滑化に関する法律

再生方法を検討し、選択する（再生方針決議）

修繕改修や建替えをはじめ、敷地売却制度を活用する方法や街区全体で都市計画に定められた法定再開発事業まで再生にはいろいろな選択肢があります。課題の共有がある程度進めば、次はそれらの課題を解決する方法について比較検討し、以降優先して検討すべき再生方法をまずは選択しなければなりません。

この決議を「建替え決議」の前段階と位置付けて、「建替え推進決議」と呼ぶのが一般的です。最近では、建替えを最初から想定していると誤解を受けかねないということで「再生方針決議」という名称を使うケースも出ています。

いずれにしても重要なことは、自分たちのマンションに安心して生活する上で障害となる課題があり、その課題を解決するには何らかの再生方法を実施しなければならないことを、総会における決議という方法で意思決定することです。抽象的で実態のわかりにくい合意形成の状況を、決議という目に見える形で具体化し、残すということが重要です。

合意形成を進めるための管理組合内の組織づくりのポイント

合意形成を問題の共有化とそのための場づくりを内容とするシステムだと考えた場合、問題はこのシステムを上手く機能させるための組織をどのようにつくるかということです。

合意形成を考える組織については3つに分けて考えるのが良いと思います。一つは、合意形成の進め方や方針の検討を行い、合意形成活動全体をマネジメントする組織で、これをここでは「検討組織」ということにします。もう一つは一般の区分所有者が集まり、意見を交換し、問題の共有化や情報の共有化を通じて合意を生み出す「場」となる組織です。ここでは「基礎組織」ということにします。三つ目は基礎組織をまとめつつ、検討組織での検討内容や情報を基礎組織のメンバーに伝える「つなぐ組織」です。

最終的な合意形成活動の中心は間違いなく「基礎組織」となります。しかし、有効に機能する基礎組織をいかにつくるかで合意形成の成否が決まる、という意味で組織づくりの要は「検討組織」と、これを基礎組織のメンバーに展開する「つなぐ組織」にあると考えています。

図3

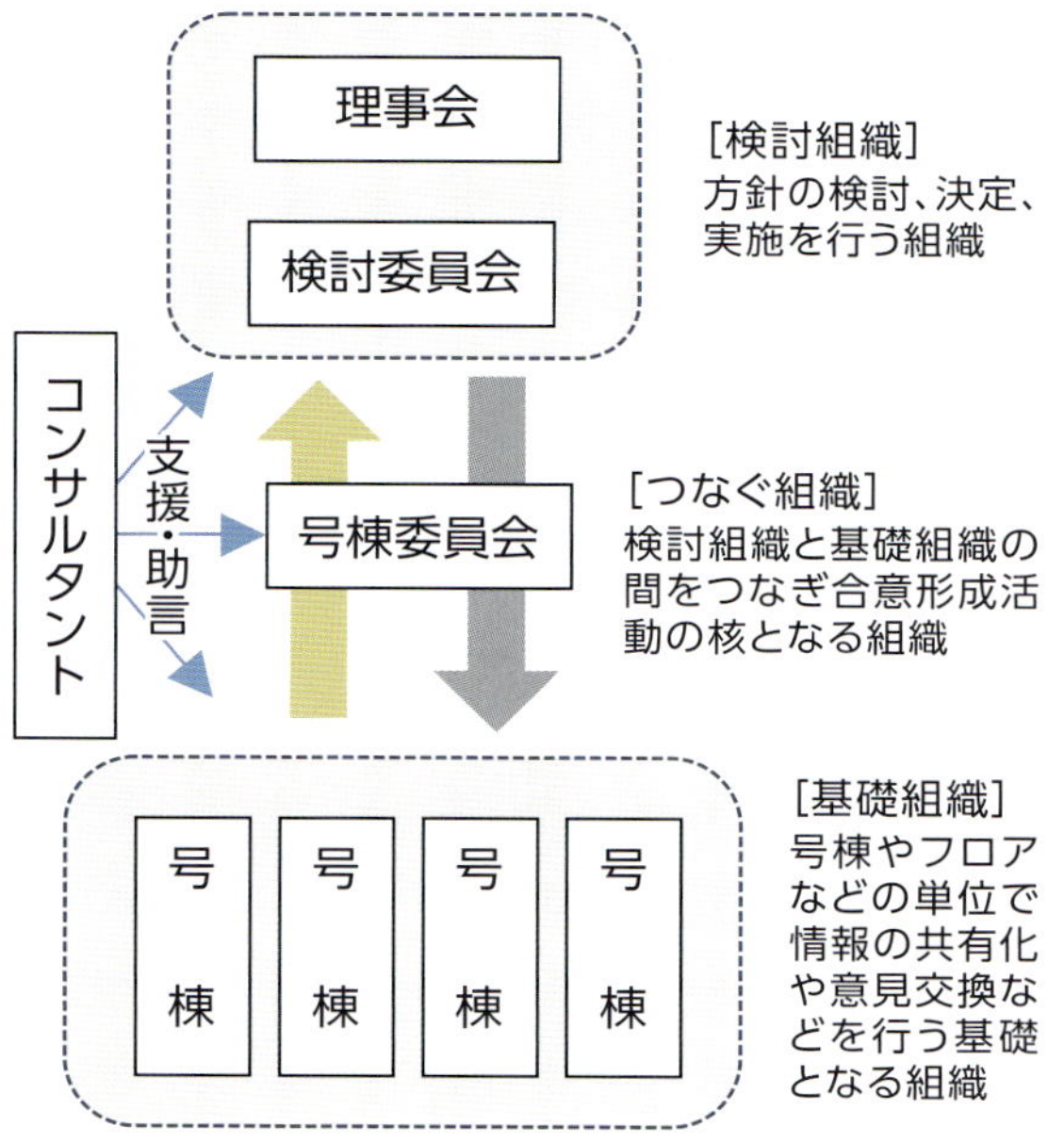

基礎知識

用語集

1.「区分所有法」では、建替えについてどこまでを定義付けしているか

「区分所有法」は、正式には「建物の区分所有等に関する法律」（1962年・法律第69号）と言います。この法律は、基本的には、区分所有建物や団地の管理に関することを規定していますが、マンションおよび団地の建替え決議に関連する事項についても定められています。

なお、建替えに関しては、区分所有法では「建替え決議の招集から建替え決議まで」と、建替え決議後に建替えに賛成をしなかった区分所有者に対する「催告」、「売渡請求」の規定があるのみで、建替えの具体的な進め方については、区分所有法には特に規定されていません。

そのため、建替え決議後の事業の進め方については、マンション建替え等の円滑化に関する法律に基づいた手続き（組合施行方式と個人施行方式があります）で進めるか、あるいは任意の等価交換方式などで進めることになります。

2. 円滑化法

「マンション建替え法」は、正式には「マンションの建替え等の円滑化に関する法律」（2002年・法律第78号）と言います（以下「円滑化法」）。円滑化法は、建替えの意思決定をした管理組合が「権利変換」手法で建替えを進める手続きについて規定した事業法です。

なお、その後、同法の2014年改正により導入された「マンション敷地売却制度」については「決議」からその後の事業までを包括的に規定しています。

また、マンション建替えについては必ずしも円滑化法の手続きで進める必要はなく、等価交換方式など任意の手法で進めることも可能です。

3.「区分所有権」

一つの建物に、構造上で区分され独立した複数の専有部分（住宅、店舗、事務所棟の用途で利用できる）があり、所有者が各住戸を区分して所有する意思を示した場合に区分所有権が発生することとなります。なお、区分所有権には、専有部分の権利とともに共有部分の共有持分権も帰属します。

一方で、例えば鉄筋コンクリート造の高層賃貸マンション（複数の区画された専有部分がありますす）であっても、1人のオーナーが建物全体を1個の所有権として所有する意思を持つ場合には、区分所有権は発生しません。

4. 団地とは？

区分所有法では、65条以降に「団地」についての規定があります。団地は、1団地内に2以上の建物があり、その建物の所有者で土地や附属施設を共有している場合に、その共有物を管理するために成立します。例えば同一の土地内に、A棟とB棟の2棟の区分所有建物が建っているケースで、建物の敷地をA棟とB棟の区分所有者全員で共有している場合は、2棟で一つの団地が構成されることとなります（図1）。

また、A棟の建っている甲土地はA棟の区分所有者で、B棟の建っている乙土地はB棟の区分所有者で共有している場合でも、駐車場となっている丙土地をA棟とB棟の区分所有者全員で共有している場合には、駐車場である丙土地所有目的で団地が成立することとなります（図2）。

ところで、A棟とB棟が隣り合って建っていて、A棟とB棟で団地管理規約を定めて団地管理組合を称している場合であっても、実際には、A棟は甲土地に建っており、甲土地はA棟の区分所有者のみの所有に過ぎず、またB棟は乙土地に建っており、乙土地はB棟の区分所有者のみの所有に過ぎない場合で、図2のようにA棟B棟所有者全員で共有している土地や附属施設がない場合に、区分所有法上の団地ではありません。このような場合に建替えの検討を行う場合には、建替え決議に係る法的な手続きについては、別々に行う必要があるのでご注意ください（図3）。

5. 建替え推進決議

建替え推進決議とは管理組合内でマンションの再生方法についての検討の結果、集会で改修やマンション敷地売却ではなく、「建替え」の方向で進む方針を決める場合に行う決議を示します。

マンションの建替えを進める場合には、建替えの方向に向けて具体的な検討を進める前に建替え推進決議をすることを国土交通省のマニュアルの中でも推奨していますが、建替え推進決議は特に法律で定められた手続きではありません。そのため一般に、建替え推進決議では区分所有者の4分の3以上の決議を目指すと言われていますが、例えば4分の3に満たなければ否決されるというものでもありません（あくまで集会の普通決議ですから、過半数の賛成で決議されます）。ただし、建替え決議は区分所有者と議決権のそれぞれ5分の4以上となりますから、推進決議時点でも一定数の賛成がないとその後の推進が厳しいことから、4分の3くらいの賛成を目指すこととなります。

また、建替えの進み具合に応じて、何度か推進決議をすることもできます。この辺りはマンションや団地の規模、区分所有者の状況に応じて必要な手続きは工夫する余地があると思われます。

6. コンサルタント

建替えの推進をする場合には、比較的早い時点からコンサルタントを選定して、コンサルタントと

図1

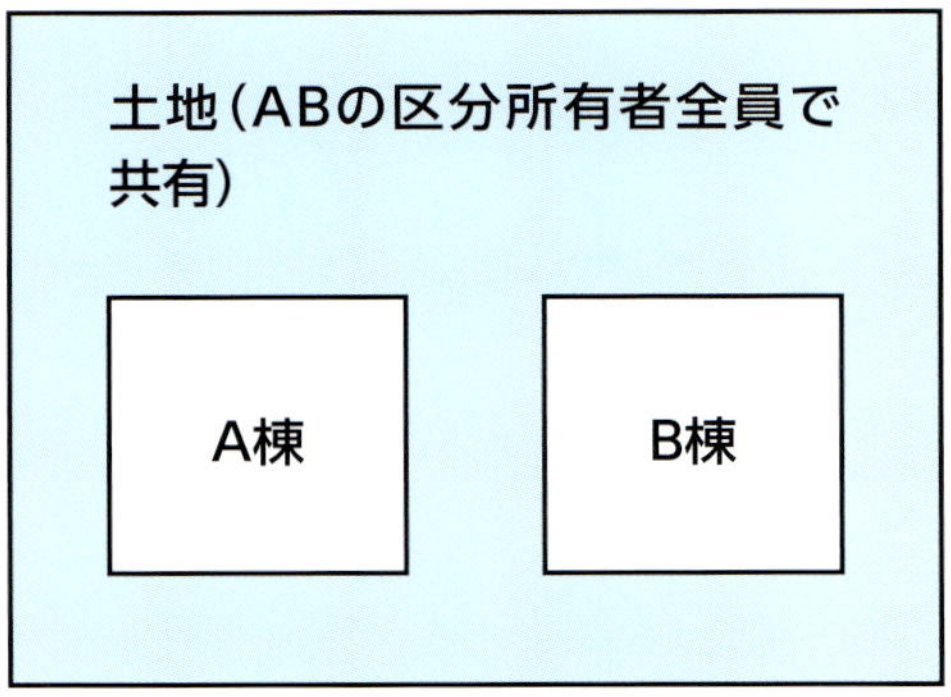

図2

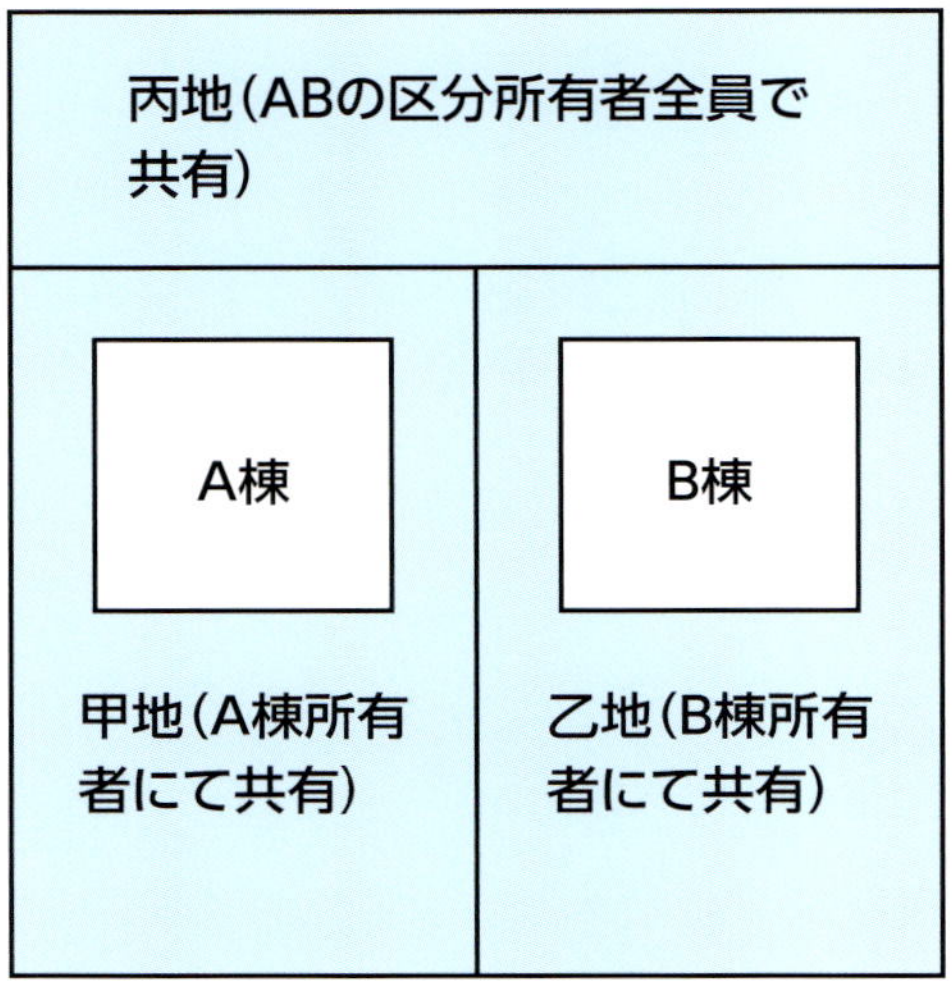

図3

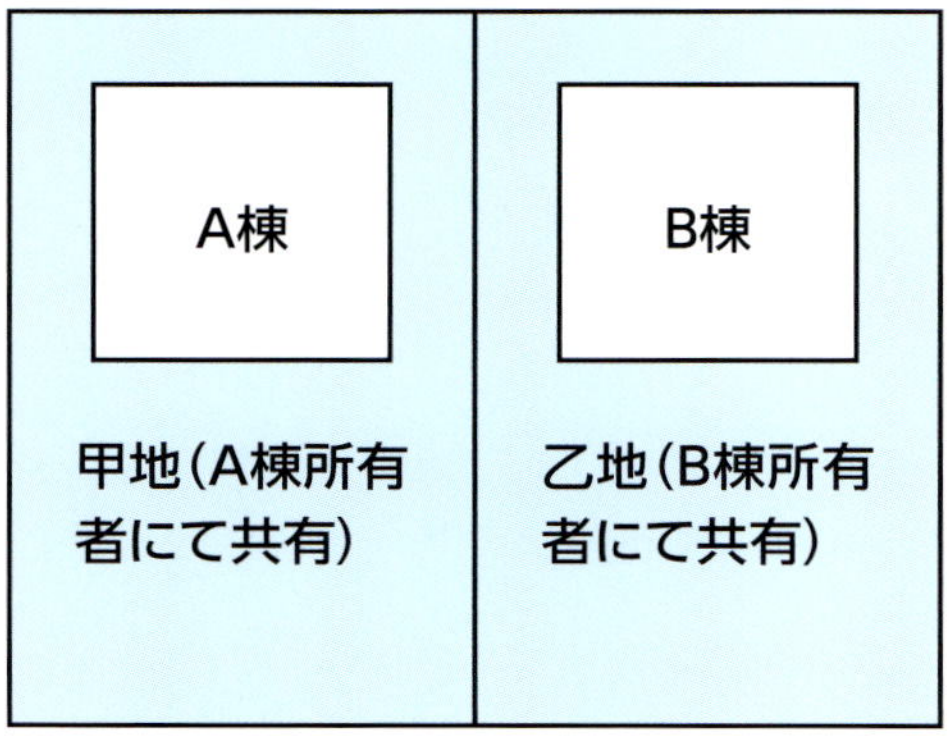

ともに合意形成を進めることが一般的です。

ところで、マンション建替えのコンサルティングを行うために、現状では特に決められた資格があるわけではありません。民間の資格としては、例えば再開発コーディネーター協会が、再開発プランナーとマンション管理士の二つの資格を有するもので、同協会で行う研修を行った後に認定した者を「マンション建替えアドバイザー」として認定していますが、他に、一級建築士や不動産鑑定士らが個別にマンション建替えのコンサルティングを行っている場合もあります。

なお、マンション建替えについては、阪神・淡路大震災の復興の例を除くと、2014年12月末時点で約220事例程度しかない反面、現実には、1人（あるいは1社）でいくつもの建替え事案に対応しているケースも少なくないため、マンション建替えに精通しているコンサルタントの数はあまり多くありません。具体的にコンサルタントの選定をする場合には、実績やそのコンサルタントが区分所有法の手続きに精通しているか否かなどをよく見極めて判断をする必要があります。

7. 事業協力者

マンション建替え事業に、事業者として参加する者で、通常は管理組合集会（もしくは理事会）の決議で選定した者を事業協力者と呼びます。マンション建替えの多くの場合、デベロッパーが事業協力者となります。事業協力者の主たる役割は、マンション建替えを行う場合に、再建後のマンションの保留床などを取得する対価として、建替え事業に資金提供をすることですが、コンサルタントとともに区分所有者の合意形成の業務から協力をするケースもあります。

なお、事業協力者が具体的に担う業務については、特に決まりがあるわけではありません。基本的には事業協力者を選定する際の要綱などで定め、その後の事業協力者との契約に際して具体的に定めることが一般的です。

また、事業協力者の選定時期についても特段のルールはありませんが、建替え計画について事業協力者の有する情報や人的なサポートを必要とするようなことも少なくありませんので、少なくとも建替え推進決議直後くらいの時期で検討することをお勧めします。

8. 参加組合員

管理組合で建替え決議後に、円滑化法の組合施行方式で建替え事業を進める場合に、区分所有者が取得しない住戸などを取得する対価として、組合に資金（「負担金」と言います）を提供する者が参加組合員です。基本的には、事業協力者となった者（会社）が参加組合員となります。

なお、参加組合員になる場合には、建替組合の設立認可申請人と参加組合員予定者との間で組合参加契約を締結した上で、定款・事業計画を策定し、建替え合意者の同意をもらうことになります。

9. デベロッパー

不動産開発事業者のことをデベロッパーと言います。マンション建替えの場面では、マンション分譲業者を意味します。デベロッパーは、マンションを分譲して利益を上げる会社ですから、デベロッパーとともに建替えを進める場合において、等価交換方式でマンション建替え事業を行う場合には等価交換契約をする相手がデベロッパーとなりますし、円滑化法の「組合施行方式」で建替えを遂行する場合にはデベロッパーが参加組合員に就任します。そして6でも述べたように、再建後のマンションについて一定の住戸などを取得する対価として、それに相当する金銭を負担します。

なお、デベロッパーは取得した住戸などを第三者に売却することで、投資金額を回収し、利益を得ます。

10. ゼネコン

総合建設会社のことを略してゼネコンと呼びます。マンションの場合には規模が大きいことから建設会社にある程度の規模が必要であり、一般にはゼネコンが建設会社として工事業務を担うことになります。

なお、少し話がややこしくなるのですが、大手のゼネコンには、ゼネコンの中に開発部門（デベロッパー部門）がある場合があります。この場合はこの開発部門はゼネコンというよりもデベロッパーとして考える必要があります。

11. 等価交換方式

従前と同じ価値のものと交換をすることが等価交換となります。例えば、建替えを前提とした現在のマンションの住戸の評価が1,500万円の場合に、再建後に1,500万円相当のマンションと交換をすることが等価交換となります。

なお、「等価交換」という言葉から、前と同じ広さの住戸を取得することと思う人がいますが、「等価」とは、不動産を価値に置き換えて同じということであることを理解する必要があります。ちなみに、前と同じ広さの床と交換する場合は「等床交換」と言います。

12. 権利変換計画

円滑化法によりマンション建替え事業を進める場合には、権利変換手法により事業を進めることとなります。マンションを建替えると、建替え前の建物とは間取りも変わりますし、区分所有者にも、以前より広い住戸を取得する人もいれば、狭い住戸を取得する人もいます。権利変換手法とは、法律で定めた手続きを経て、都道府県知事などに対して権利変換計画の認可申請を提出し、その権利変換計画が認可された場合には、権利変換期日に古い権利が消え新しい権利が発生するという仕組みです。

例えば組合施行方式の場合には、権利変換計画について組合とは、議決権の各5分の4の決議と、審査委員の過半数の同意で権利変換計画の認可申請を都道府県知事に提出することになります。

13. 既存不適格建物

建築当初は、その時点の法律や条例に基づいて建てられたものの、現状の法律や条例には適合していない状態である建物を既存不適格建物と言います。

建築に関する法律や条例は、その時々の必要に応じて変化します。そのため、マンションが建築された当時よりも規制が緩和され、より大きな建物を建築することができる反面、制約が厳しくなったため、現状と同じ大きさの建物を建てられなくなっていることも少なくありません。既存不適格建物は、建築当時はその時点の法律を満たして建てられているため、既存の建物が建っている限りは問題ないのですが、建替えの検討をする場面になると問題になることがあります。

既存不適格建物について特に問題となるのは、法律等が変わったことにより、現状と同じ建物さえ建てることができなくなる場合です。

基礎知識

マンション建替えQ&A

Q01 建替えを検討するには、まず何から始めたらよいのでしょうか

マンションの建替えは、少なくとも区分所有者と議決権のそれぞれ5分の4以上の賛成がないと進めることはできません。建替えを進めるときは、圧倒的多数の区分所有者が計画について納得することが不可欠となります。そのためには区分所有者に適切な情報を開示しながら、丁寧に合意形成をすることが必要です。逆の言い方をすると、この合意形成の過程で誤った情報が提供されたとき、あるいは合意形成の過程で適切な意見交換がされず強引に計画が進められるようなときには、それらがネックとなって合意形成が困難となる可能性もあります。

こうしたことを踏まえ、建替えを検討する初動期で必要と思われることをいくつかあげてみます。

①マンションの現状の把握

・どのような問題があるか、どのような対応が必要かについて、可能な限り客観的に理解すること

・区分所有者の概況の把握

②マンションを取り巻く制約の把握

・公法上の制約や、マンションの権利関係についての理解

③建替えを進めるために必要な手続きの理解

・法的な進め方、規約の確認

・資金計画

以上から、建替えに関わる具体的な計画を検討するに際しては、建替えを進める手続きについて正しい情報を集め、管理組合の執行部や専門委員会で情報を共有することと、適切な専門家に相談をすることをお勧めします（専門家の選び方はQ16で解説します）。

Q02 建物が老朽化してきましたが、修繕や改修で再生すべきでしょうか？　それとも建替えの手続きを進めるべきでしょうか

建物の老朽化が進んできた場合でも、老朽化の度合いの認識は区分所有者ごとに異なります。よって、ある人は「建替えるべきだ」と主張し、別の人は「修繕や改修で十分だ」と主張して意見が対立することはよくある話です。

いずれにしても、「建物があと何年もつか」ということを客観的に示すことは困難ですから、建物の老朽化が顕著でない限りは、区分所有者間で意見の違いは生じます。このような場合は、専門家らとともに、修繕や改修をした場合と建替える場合のメリットとデメリットを明確にした上で、管理組合で議論をしながらとるべき方向性を探るべきでしょう。

Q03 建替え計画はどのように検討するのですか

建物の区分所有等に関する法律

（以下「区分所有法」）では、建替え決議の招集、建替え決議に賛成をしなかった区分所有者に対する催告および催告に応じなかった区分所有者に対する売渡請求権までの手続きしか規定されていません。従って、建替え決議招集以降は、区分所有法にのっとって適切に手続きを進めることが必要ですが、そこに至るプロセスについて特段の定めはないので、マンションの状況に応じて工夫をすべきでしょう。

一般的には、理事会などで建替えの進め方などについて情報収集をしたあとに、適切な専門家を選定して、その専門家とともに計画を進めることとなります。なお、建替えの検討は数年に及ぶことが少なくありませんので、理事会ではなく理事会の諮問機関として「建替え検討委員会」などの専門委員会を設立して計画を進めることが多いようです。

建替え計画を進める過程では、説明会などを通じて計画に関する情報を区分所有者で共有化するとともに、随時アンケートや個別面談などを行い、建替え計画や建替えを進めるに際しての課題を集約しながら、計画を策定し、また課題の解決を図ります。そして、修繕や改修か建替えかの検討を行った上で建替えの方向に進むようなときは、区分所有者の大勢の意向が建替えの検討であることを確認するために「建替え推進決議」を行うとよいでしょう。

なお、建替え推進決議などを経て、具体的な建替え計画を進める際も、アンケートや個別面談により区分所有者の意向のヒアリング結果などを反映して計画案を策定し、説明会などでその内容を共有化する手続きを繰り返しながら計画を詰めていくことをお勧めします。

もっとも、規模が大きくないマンションで、区分所有者間の交流も活発な場合には、その都度、全員が集まり計画を検討することもありますし、専門委員会ではなく理事会で計画を進めることもあります。要は、区分所有者が建替えについて理解した上で、合意形成を図ることができればよいわけですから、マンションの状況に応じて進め方は工夫すべきでしょう。

04 修繕や改修ではなく「マンションの終活」を進めるつもりですが、建替えとマンション敷地売却のいずれの方向で進めるべきでしょうか

マンション敷地売却について国土交通省のガイドラインでは、マンション敷地売却の制度を利用して、マンションを建替える手法を示しています。すなわち、マンションの建替えをするために、区分所有法の建替え決議による建替えと、マンションの建替えの円滑化等に関する法律（以下「円滑化法」）のマンション敷地売却決議を利用した建替えの二つの考え方があることになります。

最終的に建替えをするに際して、以上で述べた二つの進め方のうちいずれの手法を利用するかは、マンションの状況により異なります。例えば、マンション敷地売却決議の制度を利用すると、借家人に対しても所定の計算式による補償金を支払うことで権利消滅期日に借家権を抹消することができます。よって、借家が多くかつ明渡しが課題となるようなマンションではこちらの手続きを採用した方が有利なこともあります。一方で、マンションを再取得する際に税制上の特例を使いやすいのは、区分所有法による建替え決議の後に円滑化法による建替組合を設立して進める手法となります。

このようにいずれの手法もメリット・デメリットがありますので、マンションの状況に応じて専門家と十分に協議した上で判断されることをお勧めします。

なお、建替ではなく再建後はマンション以外の用途にした方が経済的に有利なケースもあります。このような場合にも、マンション敷地売却を希望する区分所有者が多くなる可能性も考えられます。その他、投資用マンションやリゾートマンション、既存不適格マンションなどでは、可能な限りマンションを利用し、最後にはマンション敷地売却で進めることが多くなるでしょう。

05 マンション建替えに成功するポイントは

マンションの建替えは、最終的

に多くの区分所有者の合意形成が必要となります。そのため、基本的には、区分所有者の多くから信頼されるリーダーが区分所有者の意見も聞きながら、専門家らとともに計画を策定すること、計画の過程で定期的に情報を区分所有者全員で共有すること、計画を進めるに際して意見交換を行い、さまざまな意見を聞いた上で方向性を決めることなどがポイントとなるでしょう。

なお、横浜市立大学の齊藤広子先生のお話（12頁～掲載）の中で、具体的な事例も出ていますので参考にしてください。

Q 06 高齢者の方や、建替えに不安を持つ人、反対をする人たちに対してはどのように対応すればよいですか

基本は、区分所有者に情報を伝え、建替え計画について理解をしてもらうことが第一です。なお、高齢者の方の中には、新しいことを理解するまでに時間がかかる人もいますので、このような方に対しては全体の説明会だけでなく、個別の説明なども必要となります。

また、説明会や個別の面談などで区分所有者各人の話を聞き、できることは対応することも必要でしょう。また、不安を持っている方に対しては、何が不安であるのかを確認することは不可欠です。それらの不安については、解決できる問題だけではなく、解決が困難な問題もある可能性がありますが、解決が困難な場合は代替案の提示ができるかなどの検討も必要かもしれません。

最後に反対者の方に対してですが、「なぜ反対なのか」、「どうしたいのか」などの話を聞くことと、「建替えの必要性」をできるだけ理解してもらう努力をするしかありません。こうした対応を経ても、最後まで反対の区分所有者に対しては法的な手続きを講じることとなりますが、以上のような手続きを経て建替え決議が可決するような場合は、反対をされていた方も最終的に催告に応じてくれる可能性は高くなると思われます。

Q 07 区分所有者の合意形成以外に、建替えの検討を進めるときに留意すべき点はありますか

マンションには区分所有者以外の利害関係者もいる場合があることに留意する必要があります。その典型は借家人や抵当権者などです。問題は、仮に区分所有者の全員同意で建替えが決議されたとしても、その決議は区分所有者ではない借家人や抵当権者には及ばないという点です。そのため、区分所有者との合意形成と並行して、借家人との明渡し交渉や抵当権者との協議が必要となります。

もっとも、借家人に対しては、建替え決議は正当事由そのものではありませんが、正当事由をかなりの程度補完するものであると言われています。また、抵当権については、基本は債務を完済して抵当権を抹消してもらうことと考えられますが、円滑化法の権利変換方式で建替えを進めるときは、抵当権者の同意があれば再建後のマンションに抵当権を移転することが可能となります。

Q 08 築何年でマンションの終活を進めるべきですか

結論から言えば「築○年で建替えるべき」という明確な指標はありません。マンションの建替えに携わっているある会社の事例（33件）によると、建物解体時の平均築年数は約45年という報告もありますが、すべてのマンションが45年を経過したら建替えなければいけないというわけではありません。この事例の中には、築後30年に満たず解体したケースもあれば、築後70年近くになってから解体したケースもあることから、築年数による明確な指標はないということを正しく理解することが必要です。

建替えの要因となるのは、「老朽化が顕著になった」、「耐震性に問題がある」、「社会的な老朽化が進んだ」などさまざまです。例えば「老朽化」について考えると、建物の施工状態とその後の管理によっても大きく異なります。実際に築後40年くらいでもかなり老朽化が進んだマンションもありますし、50年以上経過しても問題のな

いマンションも存在します。

マンションの終活の検討は、これまでも述べたように、建物の状況を区分所有者が理解し、建物の再生をどのように進めるかを区分所有者間で十分に検討をした上で進めるべきです。

Q09 マンション敷地売却とはどのような制度ですか

「マンションの終活」手法には、大きく「建替え」と区分所有関係を解消して「売却」するという二つの方向性があります。このうち、建替えについては区分所有法で「建替え決議」の規定がありますので、総会において区分所有者と議決権のそれぞれ5分の4で決議することができます。しかし、売却については区分所有法には特に規定がないため、基本的には民法251条により全員同意で進めることが必要となります。

ところで、2014年に円滑化法が改正され、耐震性に問題があることを特定行政庁が認めた（要除却認定）マンションについては、区分所有者と議決権と土地共有持分価格のそれぞれ5分の4以上で、「マンション敷地売却」を決議できることとなりました。なお、マンション敷地売却決議後は、決議参加者で「マンション敷地売却組合」を設立し、「分配金取得計画」の決議と都道府県知事等の認可により、権利消滅期日後にマンションと敷地を売却することができることとされています（なお、今後の法改正により、マンション敷地売却決議の対象とするマンションの範囲が拡大する可能性があります）。

Q10 建替えまでには、どのくらいの期間がかかりますか

マンションの規模や区分所有者の状態によっても期間はさまざまです。仮に、50～100戸規模のマンションで、区分所有者のまとまりも比較的よく、公法上の問題もないというケースであれば、建替えを進めようという方向性が決まり、事業協力に参加する事業会社などを選択してから、建替え決議をするまでが1年前後、建替え決議から建物の解体着工までが1～1．5年前後くらいの期間をイメージしてもらうとよいのではないでしょうか。もっとも、建替えに強硬に反対する区分所有者がいたり、借家人の明渡しで揉めたりするケースではさらに時間がかかることもありますし、順調に進んだ場合にはもっと短期間で済むこともあります。

なお、再生の検討を始めてから建替えの方向性まで話が進むまでには、1年程度ということもありますし10年を超えることもあります。マンションの状況や区分所有者の考え方によってもこの期間には大きな違いがあります。

Q11 マンション建替えにはどのような費用がかかりますか

大きく分けると、初動期の検討費用、コンサルティング費用、設計費、解体費、工事費、移転補償費、その他事務費などが費用としてかかります。

この中で最も大きな費用は工事費ですが、設計や解体にも一定の費用がかかりますし、マンションを再取得せずに転出する区分所有者が多いと移転補償費もまとまった額になります。なお、マンション建替えに係る資金計画については本書18頁を参照ください。

Q12 建替え初期の検討費用は、修繕積立金を利用できますか

修繕積立金の使途は規約で定められています。そのため、規約の中で、建替えの検討費用やマンション敷地売却の検討費用の支出が修繕積立金の使途として定められている場合は問題なく利用することが可能です。

なお、規約で上記の内容が規定されていないときは、具体的な検討に際して規約の変更が必要になると言えるでしょう。

Q13 建替えに際してかかる税金は

まず、建築費や設計費、コンサルティング費などに対しては消費税が発生します。また、事業者などと契約書を交わす場合には印紙税が発生します。その他、建替え

に際して新しいマンションを取得したときは、新しいマンションについての登録免許税や不動産取得税が発生します（不動産取得税については、新しいマンションの専有面積によっては事実上0となることもあります）。

また、再建後のマンションを取得せずに、転出する場合では、転出補償金の額がマンションの原価を超える場合に、原価と補償金との差額（譲渡益と言います）に対して、譲渡所得税・住民税が発生します。なお、建替え後のマンションを再取得する際に、円滑化法の権利変換方式での建替えの場合、再取得するマンションの評価が従前のマンションの価格以上となるときは課税の繰延べがされます（結果的に譲渡所得税は発生しません）。一方で、再取得するマンションの評価が従前のマンションの評価よりも低い場合に、その差額金に譲渡益があるときは譲渡所得税・住民税が発生します。

また、円滑化法の権利変換方式以外、例えば事業会社との等価交換手法で建替えをする際、マンションが三大都市圏の特定市に位置する場合で、既成市街地内などにおける中高層耐火共同住宅建設のための買換特例を利用すれば再取得するマンションの評価が従前のマンションの評価以上となるときは、課税の繰延べが可能ですし、差金が出て譲渡益があるときは、譲渡所得税・住民税が発生します。

Q14 建替え事業にかかる事業費の調達方法は

マンションの建替えをするための費用は、補助金が出る場合を除くと、自己資金（管理組合の積立金などと区分所有者各人の自己資金）を用意するか、借入れをすることが基本となります。なお、建替えに際して容積率に余剰がある場合は、その余剰容積率に相当する住戸（保留床と言います）を売却する、あるいは土地の一部（保留地と言います）を売却して建替え資金の一部を賄うことも可能です。

なお、初動期の検討資金については、修繕積立金を利用することが一般的ですが、Q12で述べたように修繕積立金の使途については留意が必要です。加えて、修繕積立金の積立額が少ないと検討資金の捻出も厳しくなりますので、管理組合においては修繕積立金を適切な額とするように努力すべきです。

Q15 住宅ローンが残っている区分所有者はどうすべきですか

マンション建替えを、円滑化法の権利変換方式で実現する場合は、抵当権者の同意があれば再建後に取得する区分所有権と敷地利用権に抵当権を移行することが可能です。そのため、抵当権を設定している区分所有者は抵当権者とこの点について協議する必要があります。もっとも、金融機関も円滑化法の手続きなどは知らない可能性が高いですし、個々の区分所有者も金融機関に十分な説明はできないと思われますので、コンサルタントなどの専門家なり事業協力会社の社員なりが説明の際に同席して補足すべきでしょう。

次に、権利変換手法以外の手続きで建替えを進めるときは、一度抵当権を抹消しないとその後の手続きが困難になります。そのため、残債を一括返却して抵当権を抹消してもらうことが必要となります。なお、この場合の手続きについては、必要に応じてコンサルタントや事業協力会社に相談をするようにしてください。

Q16 専門家の選び方

建替えなどを進めるときは、適切な専門家に相談をすべきである旨はQ1などでも述べています。それでは、管理組合はどのような専門家を選ぶべきでしょうか。

少なくとも次の要素をすべて満たす者を選択すべきでしょう。

第一は、区分所有法や円滑化法、規約などに精通している人物であることです。合意形成の手続きにおいては「法令遵守」は基本中の基本ですので、この部分で不安がある人物は選定すべきではありません。

第二は、専門家のネットワークを持っていることです。建替えは、法律以外に、税金、不動産の評価、不動産の実務、登記、設計などさまざまな分野に及ぶため、個人あるいは一社でこれらの要素をすべて満たすことは難しいと思います。そういう意味で、それぞれの分野に精通した人物とのネットワークを持っていることは極めて重要です。

第三は、プレゼンテーション能力があることです。合意形成を進めるに際しては、全体の説明会の場合でも、個別の面談の場合でも、意図を相手に伝える能力を持った人物が対応することが不可欠です。特に全体の説明会においては、プレゼンテーション能力は極めて重要となります。

また、上記に加えて、行政手続きに長けていることなども重要ですし、建替えの経験が豊富であることに越したことはありません。行政手続きに長けていて建替えの経験が豊富で、上記の要素を満たした人物であれば言うことはありませんが、少なくとも先にあげた三つの要素を満たすことが専門家選びには必要と言えるでしょう。

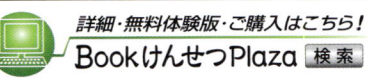

モデル事例

◆ マンション建替え円滑化法による建替え事例

◆ その他の建替え事例

注）次のように定義付けして分類をしています。

①規模について（建替え前の住戸数）

小規模	中規模	大規模
50戸以下	50戸超200戸以下	200戸超

②区分所有建物の種類

マンション	団 地
単棟型	二棟以上

CASE 1

小規模 マンション 円滑化法

アルカサーノ東が丘（プラウド目黒東が丘）

東京都目黒区

高さ制限の規制強化による計画変更を乗り越え建替え

建替えDATA

	Before	After
竣工年	1974年	2018年
敷地面積	1,630.00㎡	1,630.92㎡
延床面積	2,748.08㎡	3,973.28㎡
建ぺい率	約51%	59.89%
容積率	約168%	186.92%
土地の権利形態	所有権	所有権
建物形状(構造、階数・棟数)	RC造4階(地下1階) 建て	RC造5階建て
総戸数(住戸)	19戸	37戸
間取り	マンションタイプ 2LDK~3LDK テラスハウスタイプ 3LDK~4LDK	2LDK~4LDK
各戸専有面積	75.93~114.48㎡	60.58~122.98㎡

物件DATA

総事業費
約18億3千万円
所在地
東京都目黒区
建替え決議等
区分所有法62条
事業手法
円滑化法(組合施行)

アルカサーノ東が丘は、東急田園都市線「駒沢大学」駅から徒歩7分に位置し、駒沢公園の豊かな自然を享受できる環境にありました。2004年に、管理組合で建替えについての意識調査を実施して、建替えの検討が始まりました。

2007年に、6階建ての計画案で、建替え決議が成立しましたが、目黒区の新たな高さ制限が施行される前までに着工の目途が立たず、断念することになりました。

2010年に、新たにコンサルタントを選定し、検討を進めようとするものの、事業協力者（デベロッパー）選定に至らず、再度断念することになりました。

しかし、年々進む老朽化と、何より心配な耐震性を鑑み、その後も根気強く建替えの検討を続け、2012年に、コンサルタント（アークブレイン）と事業協力者（野村不動産）を選定し、再度本格的な建

替え検討をスタートさせました。

2013年に、耐震二次診断を実施したところ、基準値を大きく下回り、大地震において、居住者の人命に危害が及びかねない状態であることが、明らかとなりました。

建替えを一度断念したものの、根気強く、丁寧な合意形成活動を続け、2014年に建替え決議が可決、同年に建替組合が設立されました。その後、2015年に権利変換計画が可決、2016年3月より解体および新築工事に着手し、2018年1月に竣工引渡しとなりました。

権利者の要望を鑑みた、外観・外構・共用部のデザイン検討など、詳細な検討を重ね、「プラウド目黒東が丘」として再生しました。

建替えの流れ

2004年	建替え検討開始
2007年	旧計画に基づく建替え決議成立 目黒区高さ制限施行のため断念
2012年	コンサルタント再々選定 事業協力者再々選定 （野村不動産）
2014年	建替え決議成立、建替組合設立
2016年	権利変換計画認可 解体工事着工、本体工事着工
2018年	竣工

お問い合わせ

野村不動産株式会社
開発企画本部マンション建替推進部

〒163-0566 東京都新宿区西新宿1-26-2
新宿野村ビル
☎03-3348-8818
https://www.nomura-re.co.jp/business/rebuilding/

CASE 2

小規模 マンション 円滑化法

ハイツ駒込（ブリリア駒込六義園）

東京都文京区

名勝六義園に面した立地、隣接敷地を取り込み全員合意によるスピーディーな建替え

建替えDATA

	Before	After
竣工年	1971年	2014年
敷地面積	765.15㎡	940.12㎡
延床面積	2,306.65㎡	4,966.56㎡
建ぺい率	100%	80%
容積率	400%	400%
建物形状(構造、階数・棟数)	RC造7階建て	RC造11階(地下1階) 建て
総戸数(住戸)	25戸	49戸
間取り	2DK～3LDK	1LDK～3LDK
各戸専有面積	37.02～96.94㎡	42.04～117.03㎡

物件DATA

総事業費
約17億円

所在地
東京都文京区

建替え決議等
区分所有法62条

事業手法
円滑化法(組合施行)

ハイツ駒込は1971年に竣工した、国の名勝「六義園」を眼前に見渡すマンションです。2000年頃、耐震性や給排水・電気など設備の老朽化が指摘されるようになり、当時の理事会にて建替えを検討する組織を立ち上げました。しかし、「建替えありき」で議論を進め十分な合意形成活動をしなかったこともあり、その時点での建替えは実現しませんでした。その後、改めてマンション再生について検討する組織を設立し、修繕・耐震補強工事、建替え等マンションの再生について時間をかけて総合的な検討を行う中で、建替えの機運が高まってきました。また事業性を向上させることを目的に隣地を取り込む計画とし、事業協力者が建替え決議前に隣地を購入しています。

合意形成を進めるため、理事会は組合員のための勉強会を開催し、十分な議論を行いました。また、コン

サルティング会社として、東京都住宅供給公社と契約し専門家からの助言を受けて耐震補強か建替えかを、公平性に留意しながら、共に考えていきました。また、情報の共有化にも努め会議等はすべて公開し、懇談会や勉強会を通じて丁寧に説明を行いました。

このような地道な努力を積み重ねた結果、2011年5月、区分所有法に基づく建替え決議集会を開催し、全員一致賛成で、建替え決議が決定しました。参加組合員である東京建物と事業締結をしたのが2010年、それから建物完成までわずか4年と、マンション建替え事業としては非常にスピーディーに事業が進められました。

名勝六義園からの外観

建替えの流れ

2008年	東京都住宅供給公社をコンサルタントに選定
2010年	・事業協力者選定プレゼンテーション実施 ・建替え推進決議成立 ・東京建物と事業協力協定を締結 ・協同組合都市設計連合を事業推進コンサルタントに選定
2011年	・建替え決議成立 ・建替組合の設立
2012年	権利変換計画認可
2013年	工事着工
2014年	竣工

お問い合わせ

東京建物株式会社
プロジェクト開発部

〒103-0028 東京都中央区八重洲1-4-16
東京建物八重洲ビル8階
☎03-3274-1895
https://www.tatemono.com/tatekae/

CASE 3

小規模
団地
円滑化法

SUN南台（アトラス中野南台）

築60年、最初期に分譲された自主管理型の小規模団地を建替えるまで

東京都
中野区

建替えDATA

	Before	After
竣工年	1956年	2018年
敷地面積	2,389㎡	2,389㎡
延床面積	1,944㎡	4,864㎡
建ぺい率	−	−
容積率	約82%	約200%
土地の権利形態	所有権	所有権
建物形状(構造、階数・棟数)	RC造4階建て・2棟	RC造5階建て
総戸数(住戸)	48戸	68戸
間取り	2K	1R～3LDK
各戸専有面積	28.29㎡	25.47～74.32㎡

物件DATA

総事業費
約22億円

所在地
東京都中野区

建替え決議等
区分所有法70条

事業手法
円滑化法(組合施行)

SUN南台は、東京都住宅供給公社の最初期の分譲団地の一つでした。分譲された1956年当初は、最寄り駅である京王線の「笹塚」駅より徒歩18分という立地ではあったものの、バストイレ付きの2Kという、当時最先端のマンションであったことから、倍率が付くほどの人気物件だったと聞いています。

しかし、分譲当初は住宅ローンも整備されていなかったことから、割賦販売方式での分譲であったので、各購入者が割賦代金を完済するまでは所有権は売主に留保されていたため、当初は居住者で自治会をつくっていたようです。そして、代金完済後に所有権が売り主から各買い主に移転し、この時点で区分所有建物となったので、管理組合を設立することとなりました。

なお、SUN南台は管理については自主管理方式を採用したため、管理費の節約を図ることができる等の

メリットもあった半面、建物の老朽化についての認識が十分ではなかったため、長期修繕計画は設定されておらず、必要最小限の補修しかしてこなかったようです。また、区分所有者の高齢化とともに役員のなり手不足等の問題も発生していました。

また、住民の高齢化が進む中でエレベーターがないことの不便さも顕在化するとともに、漏水等の問題も頻発するようになりました。

こうした中で、建替えの検討を進めることとなり、マンション管理士をコンサルタントとして選定した上で、建替えに向けた計画を進めることとなりました。

計画の初期段階では、団地管理規約の見直しをしたほか、説明会等を繰り返す中で、2014年に建替え推進決議が成立し、事業協力会社のコンペを経て旭化成を選択することとなりました。ところで、建替えを実現するには、計画の策定が必要なほか、個々の区分所有者が抱える問題点の解決も不可欠です。旭化成の担当者は、個別面談等を繰り返す中で、そうした一つ一つの問題を解決し、手続きを進めました。

特にSUN南台は、65歳以上の高齢者割合が77％に達することから、高齢区分所有者への手厚いサポートが必要な状況でしたので、こうした問題に熟練した担当者を配置して合意形成を進めたことも建替え成功の要因と言えるでしょう。

2018年11月に再建後のマンションが完成したときは、多くの皆様から感謝の言葉をいただくことができました。

建替えの流れ

2013年	マンション管理士をコンサルタントに選定し建替えの検討開始
2014年	建替え推進決議成立。事業協力者の選定
2015年10月	一括建替え決議成立
2016年5月	建替組合設立認可
2016年12月	権利変換計画認可
2017年1月	解体工事着手
2018年11月	竣工

お問い合わせ

旭化成不動産レジデンス株式会社
マンション建替え研究所
〒101-8101 東京都千代田区神田神保町1-105
神保町三井ビルディング5階
0120-691-512
http://www.afr-web.co.jp/tatekae-lab/

CASE 4

中規模
マンション
円滑化法

府中セントラルハイツ
(プラウド府中セントラル)

1、2階に店舗・事務所がある複合マンションの建替え

建替えDATA

	Before	After
竣工年	1978年	2018年
敷地面積	2,026.43㎡(公簿)	2,027.50㎡(実測)
延床面積	3,324.49㎡(公簿)	9,398.64㎡
建ぺい率	約58%	47.08%
容積率	約164%	402.47%
土地の権利形態	所有権	所有権
建物形状(構造、階数・棟数)	RC造4階建て・3棟	RC造16階建て
総戸数(住戸)	37戸/事務所店舗16区画	99戸/事務所店舗14区画
間取り	2DK+納戸~3LDK	2LDK~3LDK
各戸専有面積	住宅52.53~76.41㎡ 事務所店舗34.69~61.77㎡(公簿)	住宅53.60~80.88㎡ 事務所店舗40.15~99.91㎡

物件DATA

総事業費
約37億3千万円
所在地
東京都府中市
建替え決議等
区分所有法62条
事業手法
円滑化法(組合施行)

東京都
府中市

府中セントラルハイツは、1978年に建設された地上4階建て3棟(西向き、南向き、東向き)からなる事務所・店舗付きマンションでした。築24年を迎えた2002年頃に、屋根防水や外壁のシーリングなどを主とした外装の大がかりな修繕工事を行いましたが、その後も、構造躯体の中性化による外壁の劣化や、給排水設備の劣化などが著しく、不具合の発生の都度、修繕工事を行わなければならないことが散見されるようになりました。

2006年から、建替えの検討を始め、2010年にコンサルタント(環境企画設計)に建替え計画検討を委託し、同年に「府中セントラルハイツ再生計画案」をまとめることとなりました。2012年に、事業協力者として、野村不動産が選定され、権利者とともに、合意形成活動を推進していきました。

南側に広い空地(敷地内で9・5m

後退）をとりながら、全住戸南向きの開放的で日当たりの良いマンションを、提案することができました。

店舗計画では、権利者の「商店街の賑わいを次世代にわたっても維持したい」という思いを尊重し、路面店の店構えや、商店街のお祭りイベントも開催できる広場の設計検討を重ねてきました。

権利者・コンサルタント・事業協力者（野村不動産）が連携し合い、一丸となって合意形成に取り組んだ結果、2014年に建替え決議が成立、2015年に権利変換計画が可決、翌年2016年に解体および本体工事に着手し、2018年に竣工を迎えることができました。

建替えの流れ

2006年	建替えの検討開始
2010年	コンサルタント選定
2011年	建替え推進決議成立
2012年	事業協力者選定（野村不動産）
2014年	建替え決議成立
2015年	建替組合設立認可
2016年	権利変換認可、 解体工事着工、本体工事着工
2018年	竣工

お問い合わせ

野村不動産株式会社
開発企画本部マンション建替推進部
〒163-0566 東京都新宿区西新宿1-26-2
新宿野村ビル
☎03-3348-8818
https://www.nomura-re.co.jp/business/rebuilding/

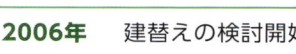

CASE 5

中規模

マンション

円滑化法

常盤松ハウス

東京都
港区

居住者が一丸となり、周辺環境に調和した建替えを実現

建替えDATA

	Before	After
竣工年	1970年	2021年予定
敷地面積	2,543.39㎡	2,524.09㎡
延床面積	7,414.54㎡	11,075.75㎡
建ぺい率	–	67.83%
容積率	–	298,47%
土地の権利形態	所有権	所有権
建物形状(構造、階数・棟数)	RC造8階(地下1階)建て	RC造9階(地下1階)建て
総戸数	61戸	98戸
各戸間取り	3LDK	1LDK～3LDK
各戸専有面積	約38～約240㎡	30.48～121.49㎡

物件DATA

総事業費

約47億円

所在地

東京都港区

建替え決議等

区分所有法70条

事業手法

円滑化法(組合施行)

常盤松ハウスは、東京メトロ銀座線・半蔵門線・千代田線「表参道」駅、JR山手線など「渋谷」駅から徒歩圏内と交通・生活利便性が極めて高い立地にあります。また、敷地西側には常陸宮邸の広大な緑が広がる閑静な住宅街に位置しており、周辺は青山学院大学などが立地する都内有数の文教地区でもあります。

1970年9月、約2,500㎡の敷地に、地下1階地上8階建て、総戸数61戸の分譲マンションとして建設されましたが、建物・設備の老朽化、耐震性など諸問題への対応から、建替えを検討。2012年6月、事業協力者に丸紅が選定されて以降、管理組合・居住者の方々、コンサルタントである元・建築マネジメントおよび設計会社である野生司環境設計とともに建替えに向けた活動(施設計画の策定、合意形成など)を推進してきました。管理組合・居住者を中心とした関係者が一丸とな

ラウンジ スキップフロア

ラウンジ コーナー

建替えの流れ

2012年6月	事業協力者に丸紅選定
2016年12月	建替え決議成立
2017年12月	常盤松ハウス 建替組合設立
2018年5月	権利変換計画認可
2018年8月	新築工事着手
2021年春	竣工予定

近景

り、さまざまな検討と協議を重ねた結果、2016年12月に建替え決議が成立し、2018年5月に権利変換計画の認可を得ました。

本事業は、長年この地に住む居住者の方々とともに、古くより由緒ある常盤松の街並にふさわしい品格を備えつつも、新しい時代の到来を感じさせるモダンなデザインを取り入れ、周辺環境に調和した計画を目指し、安藤・間の施工により、延床面積1万1,075・75㎡地上9階・地下1階建て、98戸の新築マンションに建替わります。

お問い合わせ

丸紅株式会社
不動産開発事業部

丸紅都市開発株式会社
再開発建替事業部再開発建替事業課

〒108-0014 東京都港区芝五丁目20番6号
☎03-5446-2412
https://www.marubeni-sumai.com/

CASE 6

中規模
マンション
円滑化法

DIKマンション小石川
（クレヴィア小石川後楽園）

都市計画道路による既存不適格マンションを隣接2敷地を取り込んだ共同化建替え事業

東京都
文京区

建替えDATA

	Before	After
竣工年	1972年	2020年予定
敷地面積	355.9㎡	1,270.38㎡
延床面積	3,808.11㎡	6,887.52㎡
建ぺい率	約80%	約89%
容積率	約950%	約430%
土地の権利形態	所有権	所有権
建物形状(構造、階数・棟数)	RC造12階建て	RC造15階建て
総戸数(住戸)	54戸	100戸
間取り	1R～3LDK	1R～3LDK
各戸専有面積	約30～80㎡	25.11～81.06㎡

物件DATA

総事業費
約35億円

所在地
東京都文京区

建替え決議等
区分所有法62条

事業手法
円滑化法(組合施行)

事業協力者
伊藤忠都市開発株式会社、
株式会社URリンケージ

DIKマンション小石川は、東京メトロ丸の内線・南北線「後楽園」駅徒歩2分、春日通り沿いに建つ、1972年に竣工した都心型中規模マンションでした。

周辺は東京ドームを始め、文京シビックセンター建設や再開発計画も動き出し、街並みが変わっていく中で、2011年の耐震化を推進する条例により耐震診断の義務化に伴い、耐震診断を実施。その結果、耐震基準を満たしていないこと、さらに耐震補強工事を実施するには多額の費用がかかることが判明し、管理組合の中から建替えの話が持ち上がりました。

しかし、本マンションは春日通りの都市計画道路の拡幅により敷地の一部を行政に移管していたことから既存不適格となっており、建替えしようにも逆に現況よりも建物が縮小するという厳しい状況になっていました。

このような状況下、伊藤忠都市開発は二つ隣の敷地をDIKマンション小石川との共同開発と単独でのマンション用地と多方を勘案の上、土地を購入。その後、DIKマンション小石川の状況を確認した伊藤忠都市開発は、事業協力者として3敷地一体での建替えを検討しました。

管理組合の強い建替えへの意思を確認した後、お互いの土地に挟まれた隣地との共同事業を持ちかけ、3敷地での建替えへ一歩進むこととなりました。

この取組みにより、規模の縮小という問題は解決され、建替えに反対する方々への対応もある中、建替え検討開始から約6年で再建マンションの着工までこぎつけることができました。

還元率は約50％と決して良い条件ではなかったかも知れませんが、理事長を中心とした建替推進組合員の熱意と隣地買収を実施した事業協力者の功績により、建替えが実現することとなりました。

建替えの流れ

2012年	建替検討開始
2014年	事業協力者として参画
2015年	建替え決議成立
2016年	建替組合設立認可
2017年	権利変換計画認可
2018年	工事着工
2020年	竣工

準備・検討段階
～建替え推進の障害～

【問題点】

- 既存不適格
- 現在と同規模の建物が建てられない
  建物面積：3,021㎡⇒1,009㎡（容積率320％）
  戸　　数：54戸⇒31戸
- 耐震性能が不足しており、何とか建替えをしたい
  （耐震補強は費用が非常に高額のため却下）

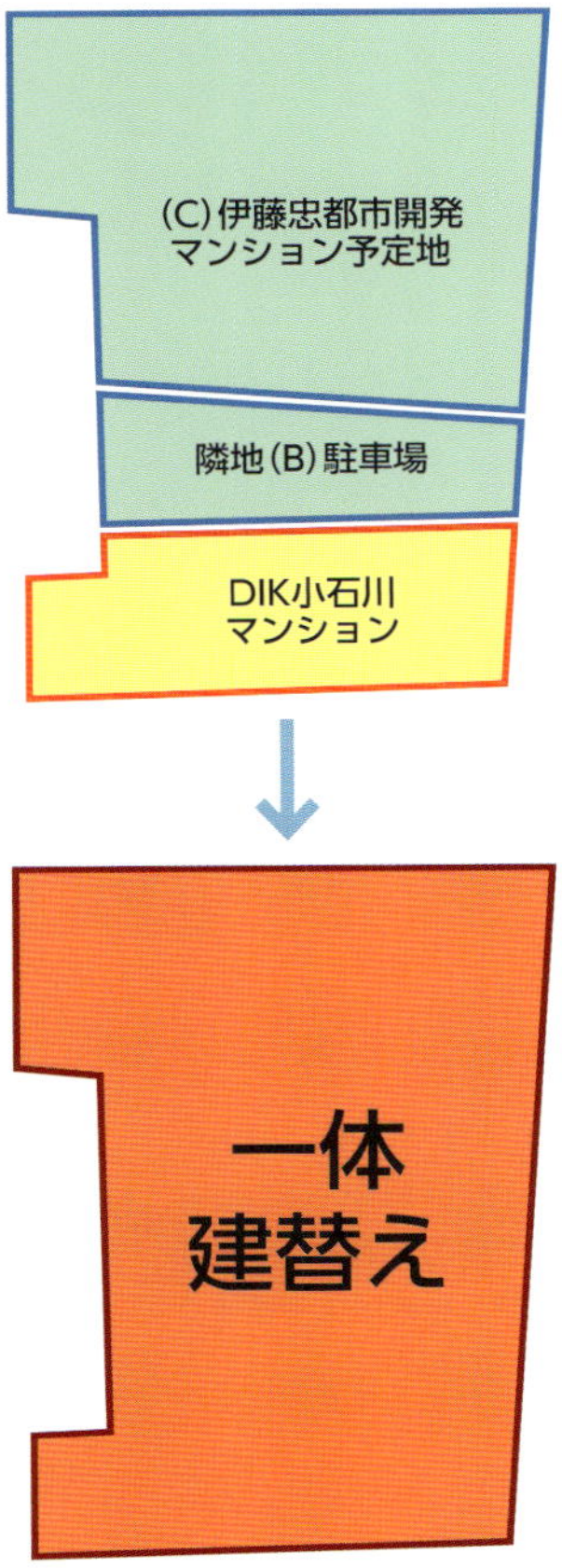

解決策

- 伊藤忠都市開発にて(C)敷地を取得
- (B)駐車場＋(C)伊藤忠都市開発と一体で建替えを計画
  建物面積：3,021㎡⇒5,453㎡（容積率429％）
  戸　　数：54戸⇒100戸

→ 事業性が大きく向上

お問い合わせ

伊藤忠都市開発株式会社
用地開発第二部マンション建替室
〒107-0052 東京都港区赤坂2-9-11
オリックス赤坂2丁目ビル
0120-555-726
https://www.ipd.co.jp/tatekae/

CASE 7

中規模 マンション 円滑化法

宮益坂ビルディング

日本最初の分譲マンションの建替え

東京都 渋谷区

完成予想図

建替えDATA

	Before	After
竣工年	1953年	2020年予定
敷地面積	1,317.34㎡	1,317.34㎡
延床面積	7,872.62㎡	14,553.41㎡
建ぺい率	−	−
容積率	598%	1105%
土地の権利形態	所有権	所有権
建物形状(構造、階数・棟数)	RC造11階(地下1階) 建て	RC造15階(地下2階) 建て
総戸数(住戸)	70戸+店舗事務所44区画	152戸+店舗事務所35区画
間取り	1DK、2K、店舗・事務所	1K〜3LDK、店舗・事務所
各戸専有面積	住宅35.4〜46.77㎡	住宅30〜78.28㎡

物件DATA

総事業費
約99億円
所在地
東京都渋谷区
建替え決議等
区分所有法62条
事業手法
円滑化法(組合施行)

Before

日本最初の分譲マンションと言われている宮益坂ビルディングは、1953年に東京都が分譲した11階建てのマンションでした。竣工当時は、エレベーターの操作はエレベーターガールが行い、電話も建物内に常駐する電話交換手が行うほか、セントラル方式の給湯と暖房が設置された建物は、新聞で「天国の100万円アパート」と紹介された、当時最先端のマンションでした。なお、建物は、地下1階（1区画）と1階（6区画）が店舗、2～4階（37区画）が事務所、5～11階（70区画）が住宅という複合用途となっていました。

このように、当初はあこがれの建物であった宮益坂ビルディングも、築年数の経過とともに老朽化が進み、セントラル方式の給湯や暖房のためのボイラー室も長らく使われなくなり、また交換が不可能だった排水管は廊下の天井に露出する形で修理が行われていました。加えて、専有面積が狭かったこととセキュリティの問題等から、住宅の区画も賃貸化・事務所化が進み、建替え決議時点では区分所有者本人が住んでいる区画は数戸程度となっていました。

建替えの検討は1990年頃から始まり、2003年には一度建替え決議が成立しました。ところが、その後、リーマンショック等により2008年頃に計画が一度頓挫したのちに、2010年に改めてコンサルタントを選定した上で計画を再スタートすることとなりました。

宮益坂ビルディングは一等地に位置する複合用途型の建物であったため、用途ごとの評価が難しい問題であるほか、店舗や事務所として貸している区分所有者が多かったので、建替えの検討とは別に、建物の明渡しも懸念される問題でした。そこで、まず、建物の評価については早い段階からこうした問題に精通した不動産鑑定士に依頼して、決定した方針を区分所有者に繰り返し説明する中で理解をしてもらいました。また、テナントについても、かなり早い時点で管理組合が主導して、ほとんどの区画を定期借家契約としていたことと、契約の終期を管理組合が区分所有者に徹底していたため大きなトラブルとなることなく明渡しを進めることができました。

建替えの流れ

2010年	改めてコンサルタントを選定し計画を再スタート
2011年	コンペにより旭化成を事業協力者に選定
2012年4月	建替え決議成立
2013年8月	建替組合設立認可
2016年10月	権利変換計画認可
2020年7月	竣工予定

お問い合わせ

旭化成不動産レジデンス株式会社
マンション建替え研究所

〒101-8101 東京都千代田区神田神保町1-105
神保町三井ビルディング5階
0120-691-512
http://www.afr-web.co.jp/tatekae-lab/

CASE 8

中規模
団地
円滑化法

花咲団地（横濱紅葉坂レジデンス）

神奈川県 横浜市

隣接地を取り込み、環境設計制度を活用した団地の建替え

建替えDATA

	Before	After
竣工年	1958年	2011年
敷地面積	約8,380㎡	約12,740㎡
延床面積	約5,950㎡	約40,340㎡
建ぺい率	–	80%
容積率	–	300%
土地の権利形態	所有権	所有権
建物形状(構造、階数・棟数)	RC造4階建て・4棟	RC造10・11階建て・3棟
総戸数(住戸)	88戸	368戸
間取り	3DK	1LDK～4LDK
各戸専有面積	約48㎡	約51～118㎡

物件DATA

総事業費	約150億円
所在地	神奈川県横浜市
建替え決議等	区分所有法70条
事業手法	円滑化法(組合施行)

Before

花咲団地は、JR「桜木町」駅から ほど近い紅葉坂に沿った斜面地に、1958年、日本住宅公団（現・都市再生機構）により分譲された、4階建て4棟、総戸数88戸の団地でした。

建替えに当たって、従前の敷地だけでは、条件も建物計画も権利者が満足するものが得られませんでした。そこで、敷地南側の県有地を取得し敷地を広げる検討を進めることになりました。県有地を取り込むことで、公開空地を設けて地域への貢献を進める計画が可能となり、高さ制限の緩和を受けられる横浜市の環境設計制度を活用でき、地域も含めた計画地全体の有効活用が図られ、権利者の条件も改善できることになりました。

しかしながら、県有地の取得、環境設計制度の認可、都市計画法29条による開発許可および円滑化法をクリアした上での建替え決議という、難度が高く多岐にわたる手続きや交渉を同時に進めていかなければなりませ

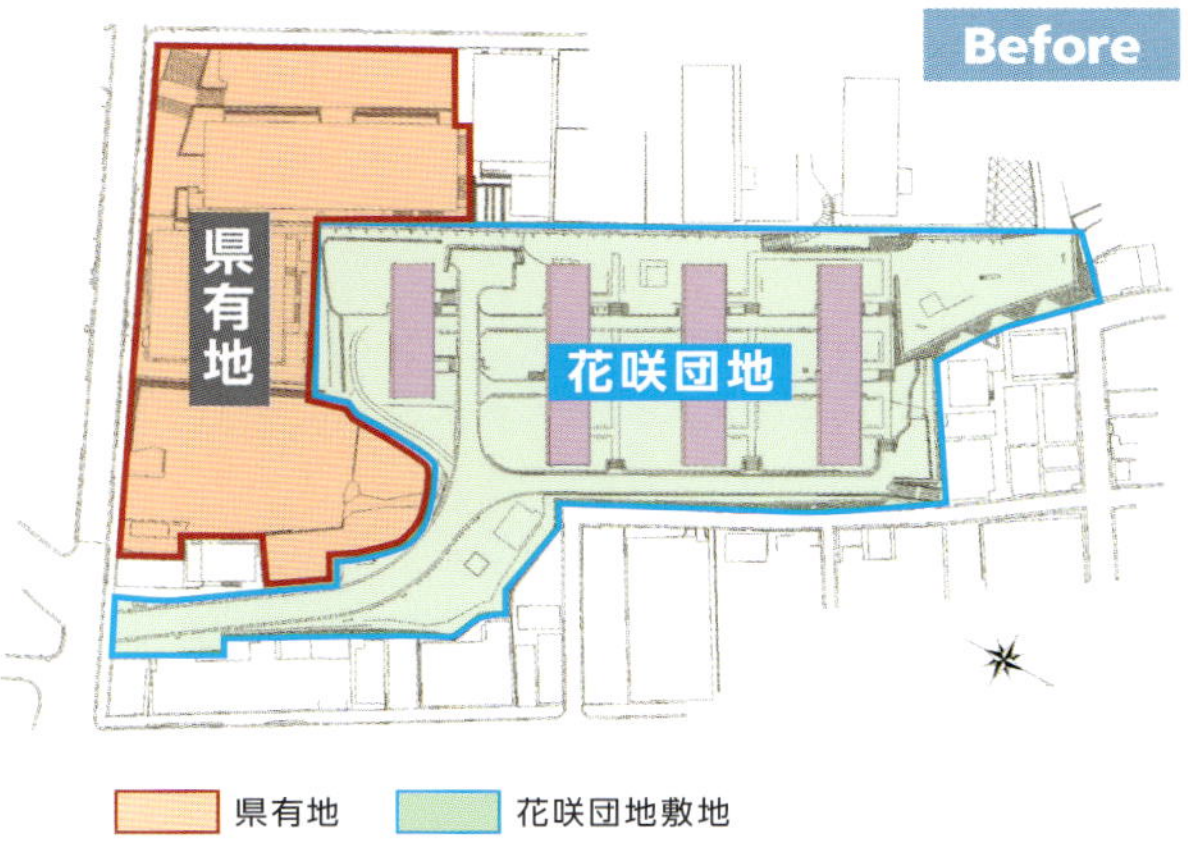

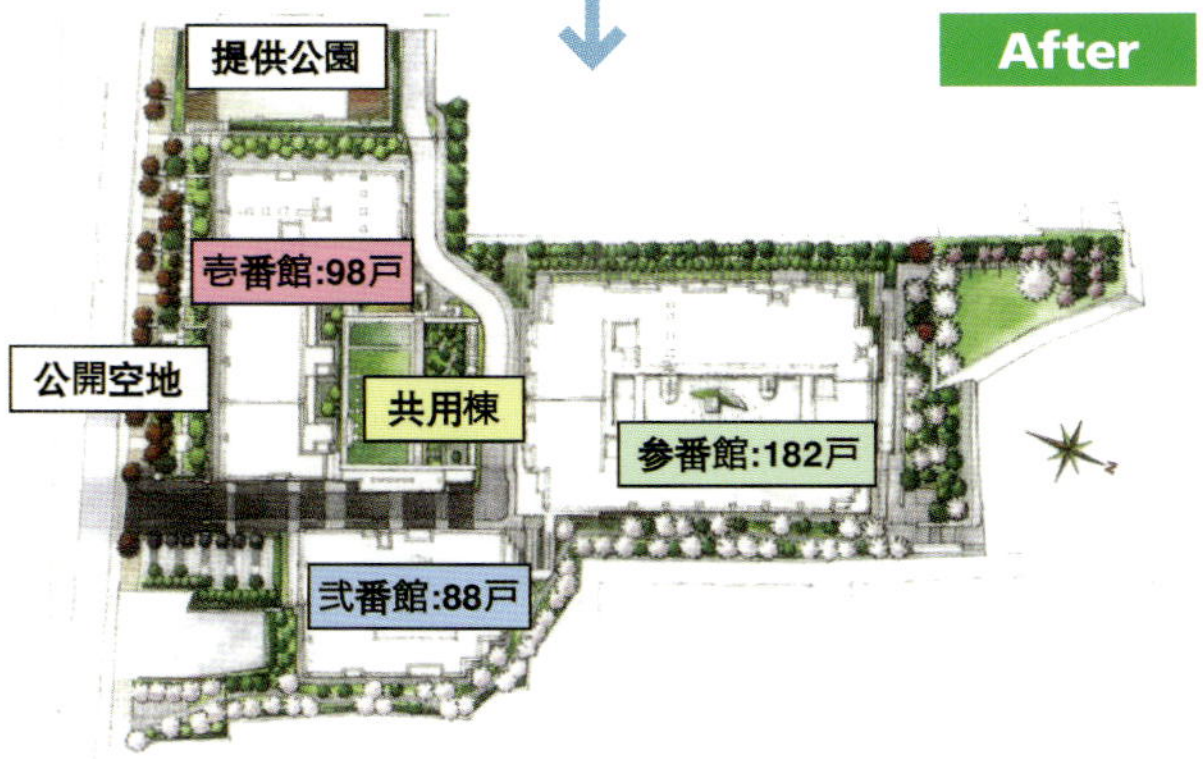

んでした。例えば、県有地は円滑化法の認可を受けたマンション建替組合に売却するということ、一方で環境設計制度の認可、開発許可等は敷地の確定が条件になり、それぞれの手続きが絡み合って前に進まない状況でした。これを突破するために、神奈川県や横浜市と何度も協議を重ね、行政間での担当部署の連携や書面での確認をもって進める条件などを取りつけることで事業推進を可能としました。

この結果、紅葉坂に沿って歩道と緑地帯をあわせて約10mの空間を確保。提供公園も設置し、地域環境に配慮するとともに権利者の方々の満足のいく条件や建物計画とすることができました。

建替えの流れ

1999年	管理組合設立
2002年	建替え計画委員会発足
2005年	建替え推進決議成立、建替え検討委員会による検討開始
2006年	事業協力者選定 新日鉄都市開発（現・日鉄興和不動産、三菱地所レジデンス）を選定
2008年	建替え決議成立、建替組合設立認可
2009年	権利変換計画認可、工事着工
2011年	竣工

お問い合わせ

日鉄興和不動産株式会社
住宅事業本部マンション再生部
〒107-0052 東京都港区赤坂1-8-1
赤坂インターシティAIR
☎03-6774-8035
http://www.nskre.co.jp/saisei/

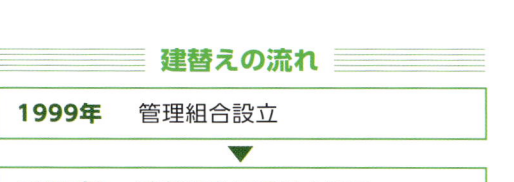

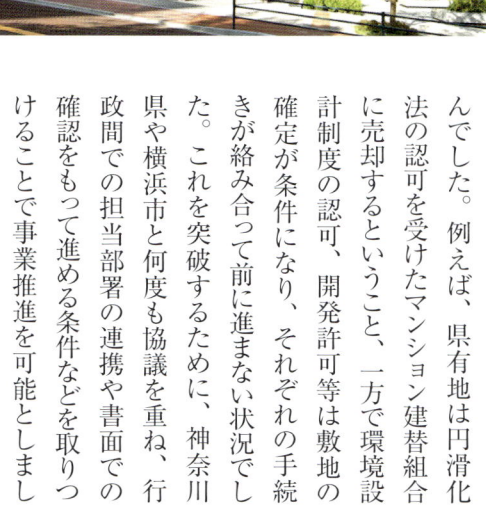

CASE 9

大規模 マンション 円滑化法

イトーピア浜離宮

東京都 港区

総合設計制度を適用し、特定緊急輸送道路沿道建築物の耐震化に向けた建替えを推進

建替えDATA

	Before	After
竣工年	1979年	未定
敷地面積	2,820.88㎡	約2,820.88㎡
延床面積	13,016㎡	29,875.20㎡
建ぺい率	60%	60%
容積率	400%	700%
土地の権利形態	所有権	所有権
建物形状(構造、階数・棟数)	SRC造14階建て	SRC造32階(地下1階) 建て
総戸数(住戸)	328戸(ほか1階店舗2区画)	422戸
間取り	1R～2DK	未定
各戸専有面積	21.46～62㎡	未定

物件DATA

総事業費	約120億円
所在地	東京都港区
建替え決議等	区分所有法70条
事業手法	円滑化法(組合施行)

イトーピア浜離宮は、JR「浜松町」駅徒歩5分、ゆりかもめ線「竹芝」駅徒歩1分に位置する等、交通利便性に優れ、本物件西側には旧芝離宮恩賜庭園が近接する生活環境にも優れた、総戸数328戸（ほか1階店舗2区画）、1979年（昭和54年）竣工の分譲マンションです。

本物件は竣工から39年が経ち、建物・設備の老朽化が進行していました。さらに、2006年に建物耐震2次診断調査を実施した結果、耐震性能の不適格箇所の存在が判明しました。以降、理事会では、耐震補強／免震改修／建替えの比較検討を実施する等、再生手法の検討を行い、2015年9月の臨時総会で、建替え推進決議の可決と建替え推進委員会の設置が承認されました。翌年に行われた事業協力者選定を経て、2016年6月に東京建物が事業協力者に選定されました。なお、本物件は特定緊急輸送道路沿道建築物の

利便性に優れ、緑豊かな環境

近接する広大な「浜離宮恩賜庭園」

西側には「旧芝離宮恩賜庭園」が広がる絶好の立地

対象であることから、耐震診断と耐震化の状況報告が義務化されており、２００６年の耐震診断２次診断調査の結果を受け、２０１８年３月、東京都より「大規模の地震の振動及び衝撃に対して倒壊し、又は崩壊する可能性がある。」とする耐震診断結果を公表されています。そのため本建替え事業は、社会的・公共的にも大きな意義があります。

合意形成に当たっては、外国を含む遠方にお住まいの方がいたため、必要に応じて社員が訪問する等コンサルタントとともに個別面談や説明会にて丁寧に説明を行いました。

「最大限の公平性を追求するためには、満足の最大化よりも不満の最小化が重要である」という管理組合の建替え推進の基本理念のもと、建替え推進決議から約３年後の、２０１８年10月に開催されたマンション管理組合の臨時総会で建替え決議が可決されました。

なお、現在、本物件は総合設計制度を活用し、容積率７００％を前提に、地上32階、総戸数４２２戸の超高層タワーマンションへの建替えを検討しています。

建替えの流れ

2006年	耐震2次診断調査の結果、耐震性能の不適格箇所が判明し、再生手法を検討
2015年	建替え推進決議成立
2016年	事業協力者選定（東京建物株式会社）
2018年	建替え決議成立
2019年	建替組合設立認可（予定）

お問い合わせ

東京建物株式会社
プロジェクト開発部
〒103-0028 東京都中央区八重洲1-4-16
東京建物八重洲ビル8階
☎03-3274-1895
https://www.tatemono.com/tatekae/

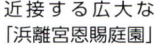

CASE 10

大規模 団地 円滑化法

東京都 多摩市

諏訪2丁目住宅（ブリリア多摩ニュータウン）

多世代コミュニティー再生に成功した、日本最大規模の建替え事業

建替えDATA

	Before	After
竣工年	1971年	2013年
敷地面積	64,399.93㎡	64,399.93㎡
延床面積	34,037.13㎡	124,870.97㎡
建ぺい率	10%	60%
容積率	50%	150%
土地の権利形態	所有権	所有権
建物形状(構造、階数・棟数)	RC造5階建て・23棟	RC造11〜14階建て・7棟
総戸数(住戸)	640戸	1,249戸
間取り	3DK	2DK〜4LDK
各戸専有面積	48.85㎡	43.17〜101.44㎡

物件DATA

総事業費	約230億円
所在地	東京都多摩市
建替え決議等	区分所有法70条
事業手法	円滑化法(組合施行)

Before

諏訪2丁目住宅は、日本住宅公団（現・都市再生機構）が1971年に多摩ニュータウンに最初に分譲した団地です。本住宅では、入居して17年目で建替えの話が持ち上がり、1991年に建替え委員会が設立されました。大型団地の建替えの合意形成が難航する中で、この住民意識の高さが成功の要因の一つとなっています。

事業関係者においては、さまざまな会社が携わりましたが、最終的に、事業協力者として東京建物が選定され、さらに事業推進コンサルタントとしてシティコンサルタンツ、設計者として松田平田設計が加わり、事業推進体制が整理されました。その後、2010年3月に一括建替え決議が成立、区分所有者の92％が賛成、同年12月に建替組合が発足しました。

大型建替えでは、建設期間中の仮住まいが課題となりますが、周辺に賃貸団地があり、これも建替えには好条件となりました。

本住宅の建替えは、都や多摩市等が進めている多摩ニュータウン再生の先駆けとなる事業であり、「マンション建替えの円滑化等に関する法律」を活用した、国内最大規模のマンション建替え事業となりました。さらに従前のコミュニティー再生の成功例としても注目されており、現在もイベントやサークル活動が盛んです。

都は、合意形成を円滑に進めるため、都市計画の変更や、建設工事費等の一部助成、仮移転先としての都営住宅の提供などの支援を行っています。また、建替え後の1,249戸の住宅のうち684戸が東京建物により分譲販売され、約1年間かけて行われたすべての販売期で即日完売と人気を博しました。

建替えの流れ

1988年	建替え検討準備委員会(「有志の会」)設置
1991年	住宅建替え委員会設置
2004年	建替え推進決議成立
2006年	諏訪地区計画の都市計画決定
2007年	事業協力者・東京建物、事業推進コンサルタント・シティコンサルタンツを選定、施設計画の設計者・松田平田設計を選定
2010年	・建替え決議成立 ・建替組合設立認可
2011年	・建築基準法86条の2認定取得 ・権利変換計画認可 ・工事着工
2013年	竣工

お問い合わせ

東京建物株式会社
プロジェクト開発部

〒103-0028 東京都中央区八重洲1-4-16
東京建物八重洲ビル8階
☎03-3274-1895
https://www.tatemono.com/tatekae/

CASE 11

中規模 マンション 等価交換

ビレッタ朝日（アトラス押上）

複数の隣接地を含めた特定緊急輸送道路沿いのマンション建替え事例

東京都 墨田区

建替えDATA

	Before	After
竣工年	1972年	2017年
敷地面積	612㎡	1,060.27㎡
延床面積	3,261.75㎡	7,430.37㎡
建ぺい率	－	－
容積率	490%	499%
土地の権利形態	所有権	所有権
建物形状（構造、階数・棟数）	SRC造10階建て	RC造11階建て
総戸数（住戸）	58戸	90戸
間取り	2DK～6LDK	1LDK～3LDK
各戸専有面積	約30～約180㎡	約40～70㎡

物件DATA

総事業費	約25億円
所在地	東京都墨田区
建替え決議等	区分所有法62条
事業手法	等価交換

特定緊急輸送道路に指定されている水戸街道に面していたビレッタ朝日は、1972年に竣工した「旧耐震マンション」でした。東京都の条例により、特定緊急輸送道路沿いで一定の要件に該当する建物については、マンションについても耐震診断をすることが求められていたため、同マンションでも耐震診断を行ったところ、現在の建築基準法が求める水準を大きく下回ることが判明したため、区分所有者の有志により「ビレッタ朝日再生検討委員会」を設立し、コンサルタントを選定した上で、耐震補強と建替えの二つの方向で再生の検討を進めました。

なお、再生の検討の過程で、ビレッタ朝日は耐震性以外に建物にもさまざまな問題があることが顕在化したことや、区分所有者の多数が「建替え」を希望していることが判明したことから、管理組合の総会で建替え推進決議を行った上で建替えに向

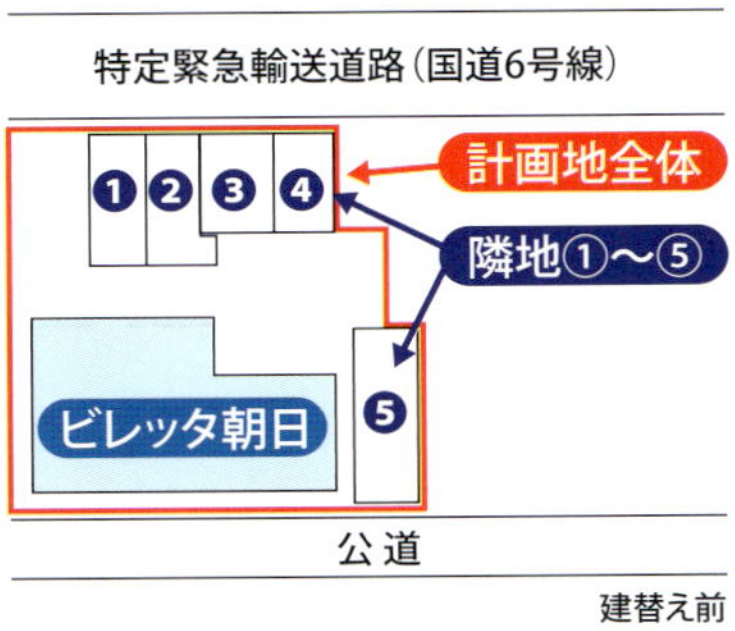

従前土地状況と計画地

けた具体的な検討を始めることとなりました。

ビレッタ朝日の建替えの最大の問題は、敷地の形状等から、既存の敷地のみでの建替えが困難だったことです。そのため、水戸街道沿いの隣接地等を含めた共同建替えを進めることとしました。隣接地を含めた建替えを進めるときは、その計画が、マンションにとっても隣接地所有者にとってもメリットを感じるものである必要があります。ビレッタ朝日では、区分所有者の中に隣接地所有者らとコミュニケーションが取れる人物もいたため、そうした方の協力も得ながら話を進めたところ、隣接地所有者らも、建物の老朽化等で建替えの必要性を感じていたものの、それぞれの土地の面積や資金計画等の点から悩んでいたことがわかったため、共同建替えに興味を示してもらうことができました。結果的には5つの隣接地を含めた共同建替えが実現されることとなりました。

隣接地が容積率をフルに消化していないときには、その未消化分の容積率を利用して建替えを進めることを考えるマンションもあるようですが、計画がマンション側には有利であっても隣接地所有者にメリットがないときは、計画も「絵に描いた餅」となりかねません。ビレッタ朝日建替え事業のように、お互いがウィンウィンの計画となることが隣接地を含めた建替えのポイントと言えるでしょう。

なお、特定緊急輸送道路沿いにある耐震性に問題のある建物の建替えであったため、耐震改修を行う際に補助金を得ることができたことも建替えを進める上で有利な要素の一つだったと言えるでしょう。

完成予想図

建替えの流れ

2012年5月	再生の検討が必要なことを総会で公表
2012年12月	建替え推進決議成立
2013年3月	隣接地所有者と基本合意
2014年4月	建替え決議成立
2014年12月	全区分所有者と旭化成が等価交換契約
2015年1月	解体着工
2017年8月	竣工

お問い合わせ

旭化成不動産レジデンス株式会社
マンション建替え研究所

〒101-8101 東京都千代田区神田神保町1-105
神保町三井ビルディング5階
0120-691-512
http://www.afr-web.co.jp/tatekae-lab/

CASE 12

中規模
マンション
等価交換

富士コープ・野口ハウス・大京町マンション・野口英世記念会館（マジェスティハウス新宿御苑パークナード）

東京都
新宿区

権利の異なる3棟のマンションを、等価交換方式で共同建替え

建替えDATA

	Before（3棟合計）	After
竣工年	1963年・1965年	2014年
敷地面積	3,859.33㎡+4,168.15㎡（登記簿）	4,168.15㎡
延床面積	12,456.65㎡	17,174.76㎡
建ぺい率	－	71.30%
容積率	－	334.91%
土地の権利形態	所有権・地上権・賃借権	所有権
建物形状（構造、階数・棟数）	RC造5階建て・RC造（地下1階）7階建て・2棟+野口英世記念館	RC造地下1階 地上10階建て
総戸数（住戸）	115戸+野口英世記念館	195戸
間取り	－	1LDK～4LDK
各戸専有面積	28.13～689.74㎡	47.97～135.84㎡

物件DATA

総事業費
約150億円

所在地
東京都新宿区

建替え決議等
区分所有法によらない全員合意
（一部、区分所有法62条を活用）

事業手法
等価交換（全部譲渡）

等価交換コーディネーター
東和スペースシステム株式会社

本物件は外苑西通りに面し、道路西側には広大な新宿御苑が広がる絶好の立地に位置しています。

土地の権利形態の異なる既存の築50年の分譲マンション3棟（富士コープ・野口ハウス・大京町マンション）と野口英世記念会館が共同で1棟への建替えに成功した事例です。

当初、3棟のマンションは個別に建替えが検討されていましたが、各々の単独事業では事業採算性の観点から反対意見が上がる等、建替えは困難を極めていました。

そうした状況を乗り越え、まず最初に富士コープが単独建替え方針を決定し、次に野口ハウス・野口英世記念会館が共同での建替えに参加し、最後に大京町マンションが参加し3棟での建替えが実現しました。

2011年に発生した東日本大震災から安全への意識が高まり、共通の問題意識ができたことも共同建替えにつながりました。

地権者が総勢100名以上となる所有権、地上権、賃借権とそれぞれ異なる複雑な権利のマンションを全員合意での全部譲渡等価交換方式による建替えは、同時期に全員との土地売買契約・決済が必要であったり、全居住者の仮住まいを確保するために事業協力者およびそのグループ会社が居住者に斡旋を行ったり、さまざまなタイプの住戸を用意し、各地権者と間取りについて繰り返し個別面談を実施して決定するなど、非常に難易度の高いものでした。

このような地道な努力を積み重ねた結果、約4，100㎡超の敷地面積に、従前比約1・4倍の延床面積約17，000㎡を確保し、従前比約170％の総住戸数195戸に向上させることができました。

建替え決定前に東日本大震災があり、災害対策への関心が高まったことから、建替え後の建物には防犯性の向上、太陽光発電、蓄電池、HEMSなど、最新技術を採用したスマートマンション化を図りました。

竣工後は、新宿御苑や新宿新都心超高層ビル群を眺望できる立地を生かし、新宿御苑を承継した美しい生活景観として品格のある空間を創出しています。

Before

野口ハウス

富士コープ

野口英世記念会館

大京町マンション

建替えの流れ

1996年	建替え勉強会（富士コープ）発足
2005年	建替え計画の検討（野口ハウス）
2006年	建替え計画作成（富士コープ）
2008年	臨時総会により建替え方針決定（富士コープ）
2009年	富士コープとの共同建替え計画（野口ハウス）
2010年	大京町マンションを含めた3棟共同建替え方針決定
2011年	土地売買契約・決済・入居者退去
2012年	解体工事・建築工事着工
2014年	竣工・引渡し

お問い合わせ

パナソニック ホームズ株式会社
街づくり事業部都市開発支社
〒105-8301 東京都港区東新橋1-5-1
パナソニック 東京汐留ビル10階
☎03-3289-6982
https://homes.panasonic.com/city/machizukuri/mansion/

CASE 13

中規模
マンション
等価交換

南堀江住宅・境川住宅
(ジオタワー南堀江・S_noie)

異なる想いを丁寧に読み解き、高難度の複合用途建築物2棟同時建替えを実現

大阪府
大阪市

境川住宅

南堀江住宅

建替えDATA

	南堀江住宅		境川住宅	
	Before	After	Before	After
竣工年	1960年	2016年	1962年	2015年
敷地面積	2,581.52㎡	2,582.52㎡	1,004.56㎡	1,006.19㎡
延床面積	6,264.03㎡	24,874.98㎡	6,392.09㎡	4,664.08㎡
建ぺい率	60.32%	53.06%	75.61%	80.80%
容積率	不明	699.58%	不明	399.45%
土地の権利形態	所有権(一部借地権付)	所有権	所有権(一部借地権付)	所有権
建物形状(構造、階数・棟数)	RC造5階建て	RC造35階建て	SRC造10階(地下1階)建て RC造10階建て	RC造13階建て
総戸数(住戸)	住宅116戸 店舗・事務所10区画	住宅203戸 店舗・事務所3区画	住宅84戸 店舗・事務所20区画	住宅79戸 店舗・事務所6区画
間取り	2DK～	2LDK～4LDK	1DK～3DK	1R～2DK
各戸専有面積	約42㎡～	60.46～161.72㎡	28.86～47.24㎡	34.98～54.49㎡

物件DATA

総事業費
約65億円

所在地
大阪府大阪市

建替え決議等
区分所有法62条

事業手法
等価交換

南堀江住宅・境川住宅の建替えは、築50年ほどの老朽化した複合用途建築物の等価交換方式による建替え事業で、異なる敷地において同時に建替えを行う非常に珍しいケースでした。両物件とも土地は大阪市住宅供給公社が所有し、建物の低層階は区分所有者の店舗・事務所等の施設があり、高層階は賃貸住宅で構成されていました。

本建替え事業は、境川住宅の従前建物に容積率の余裕がなく、単独での建替えができないため、容積率に余裕のある南堀江住宅とセットで建替えることが必須条件でした。よって、合意形成を両物件同時に行う必要があるハードルの高い事業でした。

計画当初は、両物件の地権者間で建替えを進めることに関して温度差がありました。境川住宅は個人経営者の比率が高いこともあり、建替え後の収入不安などから慎重な意見が多かったため、合意形成には相当な時間がかかる見通しでした。このため、境川住宅単独では建替えができないことや、南堀江住宅とセットで建替えすることでのメリットを理解していただくため、区分所有者のところへ幾度となく足を運び、面談を繰り返すことで信頼関係を構築していきました。その結果、区分所有者の不安も少しずつ解消され、比較的短時間での建替え決議成立に至りました。また、自営されていた方の移転先斡旋もハードルが高く、地元の不動産業者から物件情報を収集しましたが、従前建物に近い店舗物件は情報も少ないため、周辺をローラー作戦で空きテナントがないか探し歩きました。

このように、複合用途建築物の建替えでは、区分所有者一人一人の実情に合わせて、地道な努力を伴うきめ細やかな対応が必要であり、これこそが建替えのノウハウです。このノウハウを単棟の建替えでも活かしていきます。

ジオタワー南堀江 エントランスホール

ジオタワー南堀江 コミュニティサロン

ジオタワー南堀江 コミュニティガーデン

建替えの流れ

2011年9月	区分所有者で建替えの方向を決め、事業協力者選定検討開始
2011年12月	プロポーザルコンペにて阪急阪神不動産（当時阪急不動産）を事業協力者に選定
2012年5月	建替え決議成立
2013年4月	解体工事着手
2013年9月	本体工事着手
2016年3月	竣工・引渡し

お問い合わせ

阪急阪神不動産株式会社
〈首都圏〉
住宅事業本部 首都圏用地開発部
再開発・建替えグループ
〒100-0006 東京都千代田区有楽町1-1-3
東京宝塚ビル11階
☎03-3503-2474
〈関西圏〉
住宅事業本部 用地開発部 再開発・広域グループ
〒530-0017 大阪府大阪市北区角田町1-1
東阪急ビルディング内
☎06-6313-3506
https://hhp.co.jp/tatekae/

マンション建替えに取り組む企業紹介

豊富な経験と丁寧な合意形成で数多くの建替えを実現

AsahiKASEI
旭化成不動産レジデンス

旭化成不動産レジデンス株式会社

旭化成不動産レジデンスについて

旭化成不動産レジデンスは、旭化成グループの不動産事業会社です。旭化成グループは、「昨日まで世界になかったものを」をモットーに、グループ全体でさまざまな事業に取り組んでいます。そうした一環で、同社は、マンション建替えにも積極的に取り組み、これまでに着工ベースで33件のマンション建替えを実現してきています（2019年3月末日現在）。

旭化成の取り組み⑴～合意形成～

マンションは、多くの区分所有者で構成されますが、区分所有者ごとに考え方も異なりますしマンションごとに状況も違うので、建替えを進めるための課題もさまざまです。そのため、建替えの合意形成活動に際しては、理事会や建替え委員会のメンバーとともに区分所有者の皆様それぞれから話を聞き、課題を発見した上で対応することが必要となります。当社の担当者は、住宅や不動産の営業に豊富な経験を有し、関連の知識を持つ者を中心に構成されているため、区分所有者一人一人の建替えにかかる不安を少しでも軽減するとともに、新しい建物への要望を反映する等区分所有者の皆様に寄り添った合意形成を実現できています。

加えて、高経年マンションは高齢区分所有者の方が多い傾向にありますが、高齢者の方々の中には、固有の課題を抱えているケースも見受けられます。そこで、当社では「安心サポートチーム」（女性を中心に構成）をつくり、きめ細かな対応をすることで問題解決に協力させていただいています。

旭化成の取り組み⑵～さまざまなチャレンジ～

マンションは、立地や規模の違いの他に、敷地に関する権利もさまざまですし、中には法的な課題を抱えているケースもあります。こうした中で、当社は、30年間にわたり建替えができなかった同潤会江戸川アパートメントの建替えを成功させたことを皮切りに、マンションの建替えの円滑化等に関する法律第一号案件（諏訪町住宅）、また都市計画法の一団地の住宅施設の解消（国領住宅等）、借地権マンションの建替え（シンテンビル等）、建替えに伴う道路の付け替え（調布富士見町住宅）等さまざまな建替えにチャレンジしてきました。また、最近では熊本の被災マンションの建替えにも参加しています。

「昨日まで世界になかったものを」という旭化成グループのDNAは、当社の活動にも活かされています。

マンション建替え研究所

最後に、当社は、2011年にマンション建替え研究所を設立し、建替えにかかるノウハウを集約化するとともに、さまざまなカタログの発行、また所員による社内外で講演、研究成果の発表をする等の活動も行っています。マンションには同じものは二つとないことから、建替えを進める際に解決すべき課題も異なります。そうした中で、当社がこれまで蓄積してきた知見やノウハウはマンション建替えを検討する皆様にお役立ていただけるものと考えています。業界で唯一のマンション建替え研究所も活かしながら、これからも多くの建替えを進める所存です。

■当社参画の着工済み建替え事例34件・33プロジェクト

	旧マンション名	新マンション名	所在地	種類	事業手法※	従前 棟数	従前 戸数	従後 棟数	従後 戸数
1	江戸川アパートメント	アトラス江戸川アパートメント	新宿区	団地	等	2	258	1	234
2	諏訪町住宅	アトラス諏訪町レジデンス	新宿区	団地	組合	3	60	1	96
3	ジードルンク府中	アトラス府中エクシード	府中市	単棟	等	1	21	1	58
4	国領住宅	アトラス国領	調布市	団地	組合	7	144	7	320
5	野毛山住宅	アトラス野毛山	横浜市	団地	組合	5	120	1	142
6	天城六本木マンション	アトラスタワー六本木	港区	単棟	組合	1	24	1	90
	ホーマットガーネット		港区	単棟		1	8		
7	下連雀住宅	アトラス吉祥寺	三鷹市	団地	組合	2	79	1	108
8	鞍掛会館	アトラス日本橋鞍掛	中央区	単棟	等	1	70	1	66
9	方南ビレッジ	アトラス方南ビレッジ	杉並区	単棟	等	1	15	1	39
10	谷町ビル	アトラス天満橋	大阪市	単棟	等	1	19	1	52
11	宇田川町住宅	アトラス渋谷公園通り	渋谷区	単棟	組合	1	17	1	50
12	千里山星8住宅	アトラス千里山星が丘	吹田市	単棟	等	1	15	1	20
13	元代々木住宅	アトラス元代々木	渋谷区	単棟	等	1	30	1	38
14	池尻団地	アトラス池尻レジデンス	世田谷区	団地	組合	3	125	1	205
15	レジデンス丸平	アトラス三鷹レジデンス	三鷹市	単棟	等	1	34	1	99
16	調布富士見町住宅	アトラス調布	調布市	団地	組合	5	176	2	331
17	千里南町第2次住宅	シンフォニア新千里南町ガーデンズ	豊中市	団地	等	3	120	2	194
18	シンテンビル	アトラス新宿左門町	新宿区	単棟	等	1	29	1	37
19	ヴィラシミズ	アトラス恵比寿	渋谷区	単棟	等	1	18	1	26
20	河田町住宅	アトラス新宿河田町ヒルズ	新宿区	団地	組合	2	34	1	41
21	ビレッタ朝日	アトラス押上	墨田区	単棟	等	1	58	1	90
22	市ヶ谷ハイツ	アトラス市ヶ谷	新宿区	単棟	等	1	25	1	48
23	ホーマットカヤ	ONE AVENUE一番町文人通り	千代田区	単棟	等	1	16	1	32
24	ユーフラッツ	アトラス代々木上原	渋谷区	単棟	等	1	9	1	15
25	宮益坂ビルディング	未定	渋谷区	単棟	組合	1	114	1	187
26	本郷ハイツ	アトラス本郷三丁目	文京区	単棟	組合	1	43	1	59
27	ロイヤルコーポ浅善	未定	台東区	単棟	等	1	7	1	56
28	SUN南台	アトラス中野南台	中野区	団地	組合	2	48	1	68
29	四谷コーポラス	アトラス四谷本塩町	新宿区	単棟	等	1	28	1	51
30	メゾーネ東高円寺	アトラス東高円寺	杉並区	単棟	等	1	18	1	36
31	メゾン三田	未定	港区	単棟	組合	1	69	1	111
32	上熊本ハイツ	アトラス上熊本	熊本市	団地	組合	5	100	1	184
33	三信マンション	未定	渋谷区	単棟	組合	1	31	1	49

■：竣工済み　■：工事中

※等：等価交換事業　組合：マンション建替法組合施行

マンション建替え研究所ホームページ

■建替え実績例

Before

宇田川町住宅

After

調布富士見町住宅

Before

After

お問い合わせ

旭化成不動産レジデンス株式会社

マンション建替え研究所

〒101-8101 東京都千代田区神田神保町1-105
神保町三井ビルディング5階
0120-691-512
http://www.afr-web.co.jp/tatekae-lab/

隣接敷地との一体開発や借地権の所有権変換など、さまざまな視点でマンション建替えをお手伝い

伊藤忠都市開発株式会社

ITOCHU
伊藤忠都市開発

マンション建替室 室長
伊藤 誠 氏

2002年に施行された「マンションの建替えの円滑化等に関する法律」に基づき、商社系デベロッパーである伊藤忠都市開発では、全国に先駆けてマンション建替え事業（個人施行）の認可を受けました。同社はデベロッパーとして建替え事業を進めることで、多くのメリットを生み出しています。

今回は、同社のマンション建替室室長の伊藤氏にお話を伺いました。

確かな実績とノウハウで建替えをお手伝い

近年、マンションの老朽化が社会問題として取り上げられるようになりました。当社では、この問題にいち早く取り組み、2002年に施行された「マンションの建替えの円滑化等に関する法律」に基づき、全国に先駆けて、東京都世田谷区での「個人施行」でのマンション建替え事業の認可を受けました。また、デベロッパーが建替え事業をリードすることで、スケジュールの短縮、事業に要する経費の合理化などの多くのメリットを生むことができました。その後も隣接地を取り込む手法により、単独では困難だった建替えを隣地と一体開発する同手法での4つの建替え事業を実現してきました。当社は独自の「合意形成」ノウハウにより、オーナーの方々に最適な満足を提供し続けています。

一人一人の想いを大切にした建替えを

当社の強みは、自社マンションブランド「クレヴィア」に見られるように、お客様の声を聞き、そこから「気づき」を得て進めるものづくりにあります。コミュニケーションを大切に、お客様の想いを第一に考えた商品の企画開発を続けてきました。

その思想と行動は、マンションの建替え事業にも発揮されています。マンションに暮らす一人一人の想いと真摯に向き合い、最適な形で合意形成を実現します。

当社は今後も、実績とノウハウを積み重ね、さらなるレベルアップを図りながら、皆様のさまざまなニーズに応えていきます。

伊藤忠のマンション

伊藤忠グループのデベロッパーである当社は、その歴史をさかのぼると総合商社の伊藤忠商事にたどり着きます。創業以来150年

Before

After

クレヴィア日本橋浜町（2016年竣工）
隣地４件との一体開発を実現（18戸→45戸）

クレヴィア原宿（2015年竣工）
隣地戸建てとの一体建替え（35戸→57戸）

クレヴィア恵比寿（2010年竣工）
借地権を解消し所有権への変更を実現。
（44戸→78戸）

創造と信頼のブランド

CREVIA

伊藤忠都市開発が創る
分譲マンション「クレヴィア」シリーズ

以上にわたって培ってきた情報収集力と発想力、そして、その積み重ねた経験を生かし、新しい「価値」をつくり出してきました。

そして、その「価値」を最良のカタチで具現化するために、「品質」にもこだわってきました。この精神は、当社のものづくりにそのまま受け継がれ、ハコモノありきではない「価値」創造とこだわりの「品質」が、他のデベロッパーとは一線を画する実績とお客様の満足を生み出し続けています。

伊藤忠グループによる製・販・管一貫体制

「クレヴィア」は、「製造」「販売」「管理」のすべてを伊藤忠グループによる一貫した体制で提供しています。商品企画を行う「伊藤忠都市開発」、きめ細やかな対応で購入をサポートする「伊藤忠ハウジング」、そして入居後の暮らしを見守り続ける「伊藤忠アーバンコミュニティ」の3社により、生涯続く満足をお届けします。

お問い合わせ
伊藤忠都市開発株式会社
用地開発第二部マンション建替室
〒107-0052 東京都港区赤坂2-9-11
オリックス赤坂2丁目ビル
0120-555-726
https://www.ipd.co.jp/tatekae/

豊富な建替え実績と検討初期段階からのきめ細やかなサポート体制が特徴

日鉄興和不動産株式会社

住宅事業本部 マンション再生部　部長
浅見 正樹氏

当社は、マンション再生に関わるコンサルティング、建替え推進、区分所有者支援という3つの柱で建替えをサポートしています。それぞれ専門組織を立ち上げて、再生検討の初期段階から、区分所有者の意向を丁寧にくみ上げた合意形成、新マンションでの生活が始まるまで、継続的で手厚い支援体制に取り組んでいます。

現状、建替え完了17件、建替え決議済5件の実績を有しています。これまで単棟型、団地型、総合設計制度活用、借地権マンション、隣接地取込み、複合用途（住宅と事務所、店舗）の建替えなど、さまざまな建替え事業に取り組んできており、豊富なノウハウを蓄積してきました。

難度の高い建替えも実現しており、多くの管理組合から「建替えの相談に乗ってほしい」との切実な相談があります。

それらの声にお応えするために当社は、管理組合の皆様を対象としたマンション建替え（再生）セミナーを定期的に開催しています。マンション建替えの課題や成功事例などの紹介、専門家を招いての建替えの法整備や実情の紹介など、有益な情報の発信・啓発活動に取り組んでいます。

また、2016年に「マンション再生総研」を立ち上げ、建替えにまつわるさまざまな課題を洗い出し、解決策を見いだすべく研究を進めています。建替え事業において実際に経験したことにより見えてきた課題をマンション再生総研に集約し、課題解決策の検討につなげていきたいと考えています。

今後も、蓄積したノウハウを活かし、本当に困っている皆様のお役に立ちたいと考えています。

セミナー終了後の個別相談

マンション再生セミナー

	所在地	物件名	竣工年(住戸数)
1	目黒区	上目黒小川坂ハイツ	1958年(68戸) ⇒ 1986年(98戸)
2	相模原市	ライフプラザ相模原	1963年(72戸) ⇒ 1991年(125戸)
3	鎌倉市	若宮ハイツ	1958年(114戸) ⇒ 1993年(141戸)
4	相模原市	ライフコート相模原	1969年(48戸) ⇒ 1993年(80戸)
5	世田谷区	桜丘フラット	1958年(156戸) ⇒ 1993年(226戸)
6	川崎市	ヴィルクレール二子多摩川	1964年(24戸) ⇒ 1999年(226戸)
7	大田区	リビオ新蒲田	1969年(134戸) ⇒ 2007年(202戸)
8	渋谷区	プライア渋谷	1956年(81戸) ⇒ 2008年(124戸)
9	渋谷区	リビオ初台アリアフォート	1978年(40戸) ⇒ 2010年(86戸)
10	川崎市	クリエ川崎	1970年(20戸) ⇒ 2011年(5戸)
11	横浜市	横濱紅葉坂レジデンス	1958年(88戸) ⇒ 2011年(368戸)
12	武蔵野市	リビオ武蔵野中町	1962年(42戸) ⇒ 2012年(53戸)
13	港区	ホーマットロイヤル	1968年(20戸) ⇒ 2012年(24戸)
14	渋谷区	テラス渋谷美竹	1959年(40戸) ⇒ 2012年(196戸)
15	渋谷区	ザ・神宮前レジデンス	1957年(112戸) ⇒ 2013年(220戸)
16	文京区	リビオ文京茗荷谷	1963年(23戸) ⇒ 2017年(33戸)
17	藤沢市	エアヒルズ藤沢	1965年(170戸) ⇒ 2018年(360戸)

テラス渋谷美竹

〈所在地〉渋谷区渋谷1丁目
〈事業状況〉2012年竣工

Before

旧美竹ビル（渋谷区）

After

テラス渋谷美竹

地区計画を活用した住宅と事務所の複合用途の建替え

美竹ビルは現・東京都住宅供給公社により6階建て住宅40戸と事務所（2フロア）の複合ビルとして1959年に分譲。築50年が経過し設備の老朽化やエレベーターのない建物としての将来への不安、耐震性・防災性の不安から建替えが検討されました。2004年に日鉄興和不動産（旧新日鉄都市開発）を事業協力者に選定。2008年に建替え決議が全員賛成で成立しました。建替え後は地上17階、地下3階建て住宅・事務所・店舗の複合用途のテラス渋谷美竹として生まれ変わりました。

無料のマンション（再生）セミナーと個別相談を定期的に実施

修繕・改修や建替えを検討中の管理組合に向けて、日鉄興和不動産では無料セミナーを定期的に開催しています。マンション再生検討の進め方や耐震改修の事例紹介、再生関連の法律改正の最新情報紹介など充実の内容です。検討の第一歩として、大変参考になるセミナーです。また普段から個別での無料相談体制も整っているのでお気軽にお問い合わせ・ご相談されてみてはいかがでしょうか。

お問い合わせ

日鉄興和不動産株式会社
住宅事業本部マンション再生部
〒107-0052 東京都港区赤坂1-8-1
赤坂インターシティAIR
☎03-6774-8035
http://www.nskre.co.jp/saisei/

豊富なノウハウで権利者に寄り添った「ブリリア」ならではの建替えを実現

東京建物

TOKYO TATEMONO

Brillia

東京建物株式会社

豊富なノウハウとご支援

国内最大級の建替え事業として知られる「諏訪2丁目住宅建替え事業（ブリリア多摩ニュータウン）」をはじめ、東京建物は、数多くのマンション建替え事業を成功に導いています。近年では2018年10月にイトーピア浜離宮建替え事業の建替え決議可決等、都心部の高層案件など難しい建替え事業も着実にご支援させていただいています。

また当社は、権利者お一人お一人との対話を大切にしています。権利者の皆様が主役の建替え事業において、その想いを実現するお手伝いをすることこそが私どもの役割だと考えています。

お一人お一人のご不安に向き合う

当社では経験豊富な女性社員を中心とした専門スタッフが、権利者お一人お一人と丁寧に対話し、不安をくみ取り、共に解決していくことで、合意形成をサポートいたします。

権利者には長くお住まいのご高齢の方から入居間もない若いファミリーの方、賃貸に出されている方など、さまざまな方々がおり、ご要望やご不安もそれぞれです。

例えば、当社では男性社員には話しにくい、全体説明会では発言しにくい等の声をふまえ、ご高齢の権利者でも安心していただけるよう女性社員による個別対応をするほか、高齢者専用の住宅ローンの紹介や仮住まい、引っ越しのご支援をさせていただいています。

また、入居間もない若いファミリーの世帯には、当社が金融機関と提携し、購入時の建替えの二重ローンを一本化できるローン商品の提案や、お子様の進学にあわせた学区内での仮住まい先のご紹介もいたします。

また、賃貸に出されている方に対しては、借家契約等のご不安についてマンション建替えに精通した弁護士と連携し権利者が安心して相談できる環境づくりのほか、グループ会社と連携し、再建マンションでの募集など建替え後のサポートもいたします。

洗練と安心のマンションブランド「ブリリア」

当社の建替え事業には、「ブリリア」のブランドコンセプト「洗練と安心」が継承されています。「洗練」には時を経るごとに愛着が湧く建物本体の美しさと、入居後の快適な生活を支えるサービスが、「安心」には建物の安全性と、資産価値を高める管理などが含まれます。当社では建替えでもこのブリリア品質を採用しており、「建築現場見学会」では工事中のマンションの建設現場にて、皆様の住

当社女性社員がご高齢の権利者のご自宅を訪問して面談をさせて頂くことも可能

全体説明会のほか、住宅ローンや引越し等、テーマ別の説明会も実施

当社女性社員が合意形成をサポート

まいがどのようにつくられているのか実際に見て触って確認していただくことができます。また24時間365日受付のオーナーズダイヤルなども住んでからの安心をお約束する当社の特徴の一つです。

東京建物の建替え実績

ハイツ駒込建替え事業（Brillia駒込六義園）

隣地を敷地に含めた建替え
全員合意で建替え決議可決

諏訪２丁目住宅建替え事業（Brillia多摩ニュータウン）

日本最大級の建替え事業

小金井コーポラス建替え事業（Brillia小金井桜町）

全戸個別面談を実施

藤崎住宅建替え事業（レジデンス百道）

事業参画から約半年での建替え決議成立

建築現場見学会の様子

お問い合わせ

東京建物株式会社
プロジェクト開発部
〒103-0028 東京都中央区八重洲1-4-16
東京建物八重洲ビル8階
☎03-3274-1895
https://tatemono.com/tatekae/

豊富な建替えバリエーションに対応し、粘り強く、最後まで管理組合をサポート

野村不動産

野村不動産株式会社

野村不動産は、「プラウド」をはじめとする分譲マンションで培ったノウハウを生かし、住まう方が安心して住み続けるための建替えを実現するために、社会に貢献できる総合デベロッパーとしてマンション建替えを推進する努力を続けています。

今回は、同社のマンション建替推進部部長の岩田氏にお話を伺いました。

アルカサーノ東が丘（プラウド目黒東が丘）2018年竣工

粘り強く、最後まで管理組合をサポートする

当社では、これまで長い間いろいろと建替えに関しての取組みを行ってきましたが、経験豊富なスタッフをそろえ、難しい案件でも粘り強く管理組合、権利者の方々のご要望を聞き、どんな問い合わせにも対応しています。

また、当社が建替えに積極的に取り組んでいるのは、新築マンションを多く供給しているデベロッパーの1社として、当然と考えています。

検討の初期段階から建替えの実現に至るまで、支援します。

じっくりと時間をかけ、さまざまな解決策を提案

マンションの建替えを検討する理由は、「老朽化」、「耐震性の不安」などさまざまです。

また、多くの方々が暮らすマンションでは、世帯ごとに年齢や家族構成が異なるため、皆様が納得のいく建替えの実現が重要となります。話し合いを重ねて意見をまとめ、一歩ずつ確実に進めていくことが重要です。

当社では説明会やアンケート、個別の面談を繰り返し行い、じっくりと時間をかけ、粘り強く話し合いながら、合意形成を目指していきます。

■主な建替え実績（首都圏）　竣工済・着工済のみ

従前名称	従後名称	従前戸数	従後戸数	事業手法	JV	備考
エンパイアコープ	プラウド新宿御苑エンパイア	69戸	93戸	等価交換事業	単独	高さ緩和
白金台マンション・クラウン白金	プラウドタワー白金台	98戸	188戸	等価交換事業	単独	共同建替え・総合設計
シャトー三田	ザ・レジデンス三田	98戸	252戸	円滑化法（組合施行）	JV幹事	隣接施工敷地型・総合設計
桜上水団地	桜上水ガーデンズ	404戸	878戸		JV幹事	23区最大級・容積率割増し・斜線制限緩和
阿佐ヶ谷住宅	プラウドシティ阿佐ヶ谷	350戸	575戸	等価交換事業	JV幹事	全員合意・高さ緩和・容積率割増し
アルカサーノ東が丘	プラウド目黒東が丘	19戸	37戸	円滑化法（組合施行）	単独	
府中セントラルハイツ	プラウド府中セントラル	54戸	113戸		単独	住宅・店舗併存
藤沢住宅	エアヒルズ藤沢	170戸	360戸		JV共同幹事	神奈川県最大級
葺手ハイツ	プラウド虎ノ門	31戸	62戸		単独	総合設計
外苑ハウス	THE COURT神宮外苑	196戸	407戸		JV	高さ緩和・容積率割増し
若潮ハイツ	ミハマシティ検見川浜	500戸	1009戸		JV幹事	千葉県最大級

多彩な建替え手法を駆使

地区計画導入

23区最大級

桜上水団地（桜上水ガーデンズ）
2015年竣工

住宅・店舗併存マンションの建替え推進

住宅・店舗併存の建替えは、住宅地権者と店舗地権者、それぞれの合意が必要になる。地上4階建て3棟からなる店舗付きマンションであった府中セントラルハイツでは、住宅地権者と店舗地権者双方の意向のバランスをとった計画で建替えを成功させた。

それぞれの合意形成

府中セントラルハイツ（プラウド府中セントラル）
2018年竣工

新しいスキーム

マンション敷地売却制度の活用

2014年12月に施行された「マンションの建替えの円滑化等に関する法律の一部を改正する法律」により、修繕・改修、建替えに次ぐ第3の選択肢として、敷地売却もできるようになった。野村不動産では、当制度の利用を視野に入れた再生の相談にも応じている。

総合設計制度で容積率割り増しの獲得

シャトー三田では、隣接地を併合し、敷地内に周辺住民のための広場状公開空地を設置するなど公共性を高めることで、最大割増容積率約215%増（400%から約615%）に、白金台二丁目では、２棟のマンション敷地を合わせ、敷地内に広場状公開空地を設置、桜田通りから西側エリアへの貫通道路を設けるなど公共性を高めることで、最大割増容積率約350%増（443.25%から793.60%）を実現した。

隣接地を取り込み

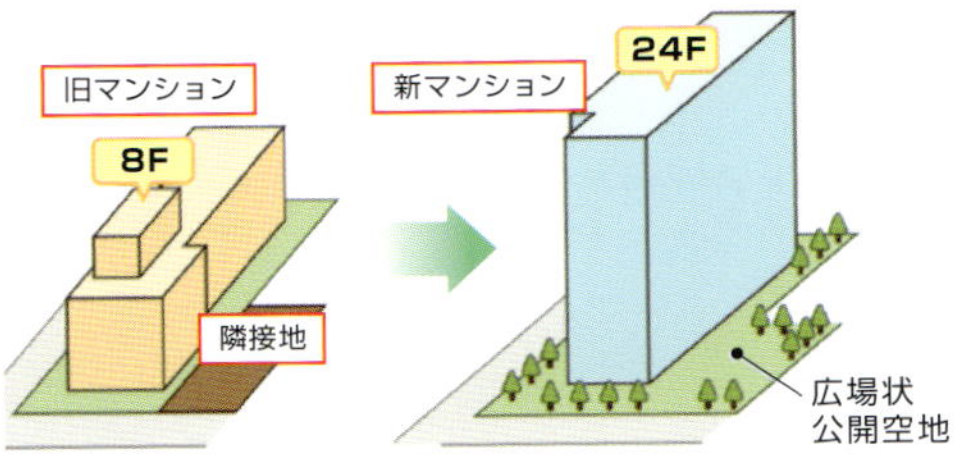

シャトー三田（ザ・レジデンス三田）
2014年竣工

隣接2敷地共同

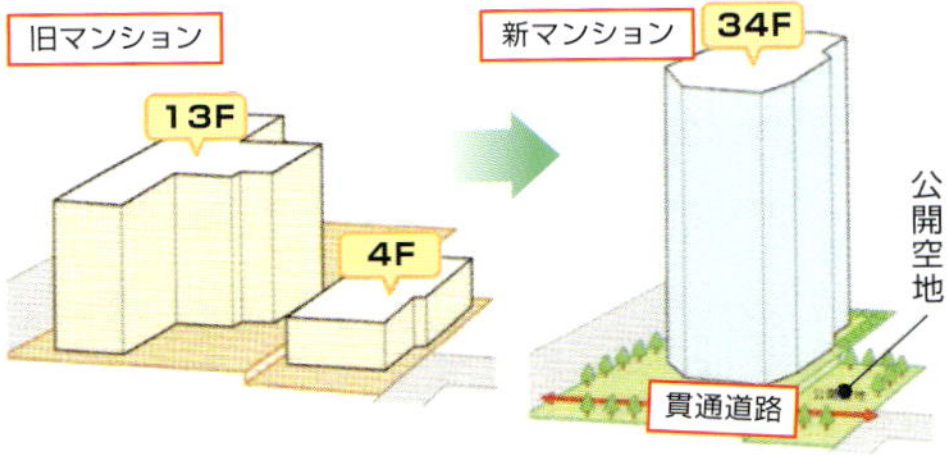

白金台二丁目共同（プラウドタワー白金台）
2014年竣工

等価交換（100%合意）

絶対高さ制限緩和

エンパイアコープ（プラウド新宿御苑エンパイア）
2010年竣工

350戸全員合意

阿佐ヶ谷住宅（プラウドシティ阿佐ヶ谷）
2016年竣工

豊富な建替えバリエーション

郊外の大規模な団地から、都心の小規模なマンションまで、さまざまな建替えを行っています。また、単体の建替えだけでなく、隣のマンションと共同で進める案件にも積極的に取り組んでいます。

マンション建替えを実現するためには、なるべく多くの余剰住戸を生み出すことが不可欠です。当社ではこれまでに取り組んできている事業で、さまざまな手法を用いて経済的にも建築計画的にも皆様に安心・満足いただける建替え計画を提案しています。

お問い合わせ
野村不動産株式会社
開発企画本部マンション建替推進部
〒163-0566 東京都新宿区西新宿1-26-2
新宿野村ビル
☎03-3348-8818
https://www.nomura-re.co.jp/business/rebuilding/

建替えに
取り組む
企業紹介

“つくってきたからわかるんだ” 長谷工グループの総合力でマンション再生を全力サポート

株式会社 長谷工 コーポレーション

住まいと暮らしの創造企業グループ

HASEKO 長谷工 コーポレーション

私ども長谷工グループは、住まいと暮らしの創造企業グループとして高経年マンションの再生にも注力しています。新築マンション63万戸超（2019年2月末時点）の施工実績と、〝マンションの長谷工〟ならではのグループの総合力を活かしたサポートで、所有者の大切な資産である「マンションの再生」に関わるすべてのニーズに対応できることが当社の最大の強みです。

マンション再生と言っても、その道は実にさまざまです。建物の現状を知るため、長谷工の住優師が行う建物診断（一部メニューは無料）や耐震診断、長寿命化（修繕・改修）した場合と建替えた場合の比較検討や概算費用の算出などのすべての再生メニューの情報を提供しています。その中から、再生検討の糸口を掴んでいただき、そのマンションにとって最良の方法を共に見出していきたいと考えています。

また、建替え事業においてはゼネコンとデベロッパーどちらの役割も担える当社の独自の事業展開が強みを発揮します。余剰床が少なく一般分譲に充てられる床が多く見込めないような、デベロッパーが参入しにくい条件でも、当社はゼネコンとして設計・施工を含めた全体で事業を考えるため事業に参画することが可能です。今後このような事業の増加が見込まれますが、これまでのマンション建替えにおいて37件（※）という豊富な実績と経験をもとに、さまざまな条件の建替えにも積極的に取り組んでいきます。

昨年10月には、マンションの情報発信拠点として「長谷工マンションミュージアム」をオープンしました（左記コラム参照）。長谷工グループのマンションに関わる取り組み、修繕・改修や建替えの事例などを通し、再生の検討の一助となるような情報を提供しています。ぜひたくさんの方に体感していただき、マンションへの理解を深めていただきたい施設です。

2019年
1月より
一般公開!!

長谷工マンションミュージアム

マンションの歴史やマンションづくりの工程、修繕や建替えの事例などを紹介するミュージアム。長年にわたって培ってきた技術力や商品開発力、それらを支えてきた社員一人一人の中にあるモノづくりへの熱い想いが、ここに結集されています。「見て、触れて、感じて、学べる」展示を通し、マンション再生に役立つ情報を発信しています。（完全予約制　0120-808-385）

1970年代のマンションと最新のマンションのモデルルームで新旧の違いを実感できる

資産価値を維持するための修繕や、建物と設備の劣化による建替えなど、マンション再生事例を紹介

マンションづくりの工程を、鉄筋などの部材も展示しながら紹介。地中での杭打ちの様子等のVR体験コーナーもある

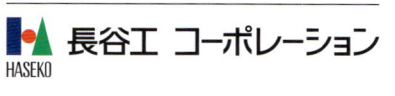

〈長谷工の主な建替え実績※〉

エアヒルズ藤沢

藤沢市初の円滑化法による神奈川県最大規模（従前戸数）の建替え

藤沢住宅

ブランシエスタ白山

隣接する敷地と一体化し商品力を高めた建替え事業

白山コーポおよび隣接3敷地

ブランシエラ市川行徳

合意形成・設計・施工から分譲まで長谷工グループプロデュースの木造タウンハウスの建替え

行徳ファミリオ

オーベル大船マークスコート

道路拡幅による敷地の一部収用に伴う全員合意の等価交換事業

恒陽大船マンション

オーベルグランディオ萩中

改正後の区分所有法を初めて適用した建替え事業

萩中住宅

ブランシエラ池田石澄

関西地区初の保留敷地処分型建替え

石澄住宅

ブランシエラ千林大宮

長谷工グループプロデュースの既存不適格マンションの建替え事業

大宮第一コーポ

アトラス千里山星ヶ丘

区分所有権解消型の建替え事業の先駆け

公団星八号

ガーデンフラッツ豊中旭ヶ丘

隣地活用により仮住まいを不要にした全国初の建替え事業

旭ヶ丘第二住宅

お問い合わせ

株式会社 長谷工 コーポレーション
マンション再生事業部

〈東京〉 〒108-0014 東京都港区芝4-2-3
0120-095-356（東京地区）

〈関西〉 〒541-0046 大阪府大阪市中央区平野町1-5-7
0120-875-600（関西・名古屋地区）

http://www.haseko.co.jp/saisei/

※建替え実績・件数は、合意形成などの事業協力、設計・施工、デベロッパーとしての事業参画などマンション建替え事業に関与している物件および物件数。

パナソニックの総合力と住まいづくりのノウハウを結集し顧客のニーズに応える

Panasonic Homes

パナソニック ホームズ株式会社

住まいは、人が暮らしていく上で最も大切な場であり、人格を形成していくもの。それにふさわしい良い家をつくりたい。創業者松下幸之助の強い使命感から、1963年にパナソニック ホームズは生まれました。以来、私たちは、住まいの本質を見つめ続け、多くの家族とともに夢を形成してきました。

創業者の想いを原点に、これからも、人々が心豊かに安心して毎日を過ごせ、長く快適に暮らしていける住まいへと、進化を続けていきます。

全国展開する「パークナード」シリーズ

パナソニック ホームズの分譲マンションブランド「パークナード」シリーズは、首都圏・中部・近畿を中心とし、日本全国にわたり幅広く展開。豊富な実績を積み重ねてきました。

暮らしに取り込む光や風、ご家族の居心地や家事動線、そうしたプランニングにこだわり抜いた一邸一邸を積み重ねたものが一棟のマンションとなります。「パークナード」は50余年にもわたる家づくりで培われた「集邸思想」に基づいたマンションづくりを行っています。さらに、当社ならではの一棟まるごと創エネ・省エネするスマート技術など先進のテクノロジーを駆使し、住まう方に「パークナード」ならではの安心・快適な暮らしを提供しています。

多彩な事業展開

当社は住まいづくりに軸足を置きながら、分譲マンション事業、賃貸マンション事業、マンション建替え事業、等価交換事業、さらにはホテルや商業施設などの複合開発事業を展開しています。環境への配慮、安心・安全性の向上、健康増進への取り組みなど、分譲マンション事業で培った「パークナード」ならではのノウハウを生かし、快適な空間づくりを実現します。

マンション建替え事業への取り組み

急増する空き家とともに、社会問題となりつつあるマンションの老朽化。その建替えは、技術的にも手続き的にも複雑なプロセスを必要とし、全員が納得できる結果をもたらすことは容易ではありません。

当社では、権利関係者による合意形成、法的・技術的な課題の解決、等価交換方式を利用した資金スキームなど、建替え事業をトータル的にサポート。地権者や管理組合の一人一人の想いに丁寧に寄り添いつつ、街の歴史・文化を承継する新たなマンションの住まい方をご提案します。

最適な事業のかたちをご提案

資産還元率の向上はもちろん、単に建物を建替えるだけではなく、仮住まいの斡旋や賃貸希望者への借り上げ対策など幅広い視野で、地権者の満足度を高めます。地権者の負担やリスクを軽減し、複雑な権利関係の中においても土地を最大限に有効利用できる事業を実現します。住み慣れた思い出深い土地で、新たな付加価値とともに安心してお住まいいただけるよう、パナソニックの総合力を活かした暮らしをご提案します。

グループ力で竣工後もサポート

当社グループの管理会社、パナソニック ホームズ・合人社コミュニティが建物・共用設備の維持管理など、管理業務を行います。建設から管理まで一貫してパナソニック ホームズグループがサポートすることで、住まう方の安心感を高めます。

■建替え実績例

マジェスティハウス新宿御苑パークナード（2014年1月竣工）総戸数195戸

パークナード四谷（2012年3月竣工）総戸数16戸

お問い合わせ

パナソニック ホームズ株式会社
街づくり事業部都市開発支社

〒105-8301 東京都港区東新橋1-5-1
パナソニック 東京汐留ビル10階
☎03-3289-6982
https://homes.panasonic.com/city/machizukuri/mansion/

建替えに
取り組む
企業紹介

沿線の住宅開発と街づくりで培ったノウハウを継承

会社統合により体制を新たに、一層満足度の高い建替え実現を目指す

阪急阪神不動産株式会社

阪急阪神不動産株式会社

阪急不動産に、阪急電鉄と阪神電気鉄道という歴史ある2企業の不動産事業が統合して誕生した阪急阪神不動産。阪急阪神ＨＤグループの中核をなす総合不動産会社としてより体制も強化され、100年超にわたる沿線の住宅開発のノウハウをマンション再生にも継承。同社ならではの粘り強い姿勢で首都圏の建替え事業に精力的に取り組んでいる。

必ず事業を成し遂げる強みは「粘り強さ」

阪急阪神不動産の最大の特長は、沿線の住宅開発に豊富な実績を持っていることです。これが建替え事業にどう継承されるのか。マンション建替えの責任者である誉田氏に聞いてみました。

住宅事業本部 首都圏用地開発部
副部長 **誉田 喜之氏**

「当社グループの不動産事業は、開発・運営を単体の事業としてではなく、沿線付加価値を向上させるという長期的な街づくりの視点で行ってまいりました。この視点は、今後さらに拡充するエリアである首都圏においても同様です。沿線開発で培われた、時間がかかっても粘り強く目標を成し遂げるという企業姿勢も当社の強みと自負しています。

この姿勢は、権利者の皆様のさまざまなご意向を調整しつつ、課題を解決して進めるマンション建替えにおいても同様です。事実、これまでにも権利者の皆様が300人を超えるような大規模団地の建替えを複数実現しています。

また、コミュニティーの醸成も当社が重要と考えることの一つです。当社の首都圏の分譲マンションでは、お引渡し後にご入居者さま同士が早期に顔見知りになっていただけるよう、「ウェルカム・パーティー」等のイベントを行っています。

マンション建替えの場合では、従前にお住まいになられていた権利者さまと、新しく住まわれる方とのコミュニティー形成だけでなく、建替え前の地域との関わりを継承することも重要です。権利者さま、ご入居者さまと一緒に地域を活性化させるエリアマネジメント活動にも注力していきたいと考えています。」

阪急阪神のマンションブランド〈ジオ〉

住宅開発の歴史は約100年前、グループの創始者・小林一三によって始まりました。

当時日本で初となる、鉄道を敷設しての沿線開発を原点とし、100余年の沿線開発・街づくりの歴史を受け継いだマンションこそが、阪急阪神のマンションブランド〈ジオ〉です。

だからこそ、今でも住まいをつくる上で街づくりの視点・発想を持つことを大切にしています。マンション建替えでも、街づくりの発想を忘れずに、地域のつながりを大切にし、コミュニティーを次の世代へ橋渡ししていく方法についても、オーナーである皆様と話し合うことを重視しています。

座談会　建替え事業への“想い”を担当者が語る

阿部　事業の主役は権利者さまで、私たちは事業パートナーとして、管理組合さまの意向をうまく引き出す役割を担っています。従前戸数で900戸超の建替え実績があり、それだけ多くの権利者さまと事業を実現してきたというバックボーンが当社にはあります。

垣本　権利者さま一人一人に丁寧に寄り添い、粘り強く事業を成し遂げる——これが当社の強みだと考えます。

右／和やかな雰囲気の中で、事業への“想い”を語るメンバーたち。(左から)阿部氏、八木沢氏、辻尾氏、垣本氏、新井氏。
左／東京都の耐震化アドバイザーに基づくワークショップ

八木沢　今後も全員合意を目指す姿勢は変わりません。そのために、心掛けていることは？

辻尾「現場の雰囲気を大切に」

不安も多い権利者さまに前向きになっていただくには現場の雰囲気づくりが大切です。建替え事業は全員が同じ方向を向いて一致団結しないと進みません。しかめっ面で相対していてもだめで、笑顔になっていただくくらいの気持ちで取り組むことが必要だと感じています。

新井「権利者に近い立場で」

権利者さまに近い立場で、安心してお話いただける空気感を心掛けています。意見を言うのが苦手な方の不安や疑問をくみ取り、次回の説明会などにフィードバックしています。

建替え「4つの課題」

八木沢　マンション建替えには個別の課題がありますが、突き詰めると共通する4つの課題が浮かび上がります。これを意識して進めることも大切です（図1参照）。

垣本　1つ目は敷地の確定です。建物計画は敷地の確定がなされて成立しますが、高経年マンションでは境界が未確定なことがよくあります。その場合、過去の経緯や情報を知るためにも、権利者さまとのコミュニケーションが不可欠になってきます。

八木沢　2つ目は目標と検討期間の設定です。段階を踏んで丁寧に進める部分と、早く進めるべき部分を見極め、スケジュールを組む。当社のDNAは鉄道会社ですので、必要に応じて急行電車になったり、各駅停車になりながら、目的地に向かって安全に進めるのは重要かつ不可欠ですね（笑）。

辻尾　3つ目は、権利区分の整理です。古い借地権のマンションなどは権利関係が複雑になりがちで、それを整理していかないと建替え決議に至りません。説明会や個別面談を通じ、権利者さまと連携して進めることがポイントになります。

阿部　4つ目は、満足度の高い建物計画です。権利者さまの意向をくみ取りながら、条例や制度を上手に活用するための行政との折衝や手続きをしっかり進めていくことが非常に重要です。

[図1] 建替え決議に向けた4つの検討課題項目

1 敷地の確定
2 目標と検討期間の設定
3 権利区分の整理
4 満足度の高い建物計画

管理組合の合意形成活動
4つの課題を整理しながら合意形成活動を行う

建替えへの“想い”と明確な課題認識がポイント！

どんなに複雑な案件でも、上記の課題を段階的にクリアすることが合意形成への一番の早道。新しい建物計画に早く行き着くためにも、解決すべき課題を権利者の皆様にわかりやすく示し、理解していただくことが大切です。阪急阪神不動産では、一人一人がそうしたノウハウと建替えへの想いを持って取り組んでいます。困ったことがあれば、ぜひ相談してみて下さい。

お問い合わせ

阪急阪神不動産株式会社

〈首都圏〉住宅事業本部 首都圏用地開発部 再開発・建替えグループ
〒100-0006 東京都千代田区有楽町1-1-3
東京宝塚ビル11階
☎03-3503-2474(平日10:00～17:00)

〈関西圏〉住宅事業本部 用地開発部 再開発・広域グループ
〒530-0017 大阪府大阪市北区角田町1-1
東阪急ビルディング内
☎06-6313-3506(平日10:00～17:00)
https://hhp.co.jp/tatekae/

「人に、街に、時をこえる価値を」

Marubeni Group

丸紅株式会社・丸紅都市開発株式会社

1858年創業以来、世界を舞台に総合商社として培ってきた丸紅の強みは、時代のニーズに合った商品を提供できる情報力と企画力が融合した「総合力」です。

マンションを販売し始めてから55年目を迎え「誰もが、いつでも、いつまでも」をテーマに、快適に暮らせる住空間を作り続けてきました。

マンション総建設数8万戸以上の確かな実績と豊富な専門知識や情報、ノウハウを活かしこれらの老朽化マンション・団地についても、建替えにより高い資産価値を創造するためにサポートしていきます。また、総合商社としての多彩なグループ各社等の協力を活かし、現状の調査から新しいマンションの企画・設計、完成後のアフターサービス・管理までをグループ全体、一貫体制で行っていきます。

丸紅グループでは、「都市の機能を更新し活性化させること。そして新しい価値を創造すること。」という理念のもと、総合商社としてあらゆるビジネスシーンに向き合い展開してきました。そして丸紅グループとしての総合力を結集することで、分譲マンション事業から収益不動産のデベロップメントおよびマネジメントまで多様化する不動産・プロパティニーズへの対応のほか、大規模な複合開発事業や市街地再開発事業を通して、街づくりに貢献し、大きな信頼を獲得してきました。

例えば、住宅分野においてはリサーチからマーケティング、商品企画、施工監理、アフターサービスから管理に至るまでのプロジェクト一切を、丸紅グループ内での一貫体制でマネジメント。また、商業施設や業務施設の運営においても、マーケティング、テナント管理などのアセットマネジメント・プロパティマネジメントに留まらず、REITやファンド等による幅広いプロパティタイプへの投資事業まで、総合商社の広範囲なネットワークとノウハウを駆使して、プロジェクトを遂行します。

こうした再開発事業で得た豊富な経験や知識をもとに、地権者様のご要望に丁寧にお応えする姿勢を第一に、マンション建替え事業における幅広いご提案やご支援をいたします。

近年、主に旧耐震性基準時(1982年以前)に建設されたマンション・団地が経年により老朽化してきており、建替えの必要性が顕在化しています。特にマンション建替え事業では準備から実施までの各フェーズにおいて、さまざまな合意形成・調整等が必要となってきます。

建替え実現の検討に始まり、権利者の合意形成、行政との協議、

月島一丁目西仲通り地区市街地再開発事業　竣工(予定):2020年度 竣工予定

工事期間中における仮住まいの手配など、建替え事業の初期から完了まで、包括的にサポートしていきます。当社は再開発事業を通じて培った専門知識・調整能力等を活かし、安全で安心かつ効率的にプロジェクトを成功へと導きます。

丸紅グループでは、不動産の資産価値を最大限に引き出し、都市再生の社会的・経済的ニーズに応えるべく、事業機会の獲得にも努めています。

これにより、事業の各段階で発生した問題に対しても素早い最善の対応が可能となり、グループ各社において、徹底したプロジェクトマネジメントの強化を図っていくことで、高品質・安心・安全なマンションの建替えを実現していきます。

大宮駅西口第3-B地区市街地再開発事業
2022年度竣工予定

西新宿五丁目中央北地区第一種市街地再開発事業
2017年竣工

武蔵小杉駅南口地区西街区再開発事業　2013年竣工

金町六丁目地区再開発事業　2009年竣工

お問い合わせ

丸紅株式会社
不動産開発事業部

丸紅都市開発株式会社
再開発建替事業部再開発建替事業課
〒108-0014 東京都港区芝五丁目20番6号
☎03-5446-2412
https://www.marubeni-sumai.com/

積算資料 ポケット版 マンション修繕編〈別冊〉

マンション建替えモデル事例集 II

2019年6月10日 初版発行

編集発行
一般財団法人 経済調査会
〒105-0004 東京都港区新橋6-17-15 菱進御成門ビル

印刷・製本 株式会社ローヤル企画
誌面デザイン 松澤ともみ

●書籍購入に関するお問い合わせ
販売 0120-217-106 FAX 03-6868-0901
書店 ☎ 03-5777-8225 FAX 03-5777-8240

●内容に関するお問い合わせ
出版事業部 企画調査室
☎ 03-5777-8221 FAX03-5777-8236

●広告に関するお問い合わせ
メディア事業部
☎ 03-5777-8223 FAX 03-5777-8238

ISBN978-4-86374-265-9

編集協力 ※五十音順

齊藤 広子 (横浜市立大学 国際教養学部 教授)
堀口 浩一 (株式会社環境企画設計 代表取締役)
山田 尚之 (株式会社鳩ノ森コンサルティング 代表取締役)

粟飯原 恵子(株式会社長谷工コーポレーション 都市開発部門マンション再生事業部企画管理部 部長)
石島 貴生 (丸紅都市開発株式会社 再開発建替事業部再開発建替事業課 課長)
伊藤 誠 (伊藤忠都市開発株式会社 用地開発本部用地開発第二部マンション建替室 室長)
岩田 晋 (野村不動産株式会社 開発企画本部マンション建替推進部 部長)
大木 祐悟 (旭化成不動産レジデンス株式会社 マンション建替え研究所 主任研究員)
太田 輝之 (日鉄興和不動産株式会社 住宅事業本部マンション再生部建替推進第二グループ マネージャー)
垣本 雄司 (阪急阪神不動産株式会社 住宅事業本部首都圏用地開発部再開発・建替えグループ 課長補佐)
田代 雅実 (東京建物株式会社 執行役員 住宅事業本部プロジェクト開発部長)
新津 道雄 (パナソニック ホームズ株式会社 街づくり事業部都市開発支社首都圏支店情報開発センター 主任)